海昏文化丛书

海昏文化丛书

传奇刘贺

从
昌邑王、汉废帝
到
海昏侯

（修订版）

胡迎建 ———— 著

江西人民出版社
全国百佳出版社

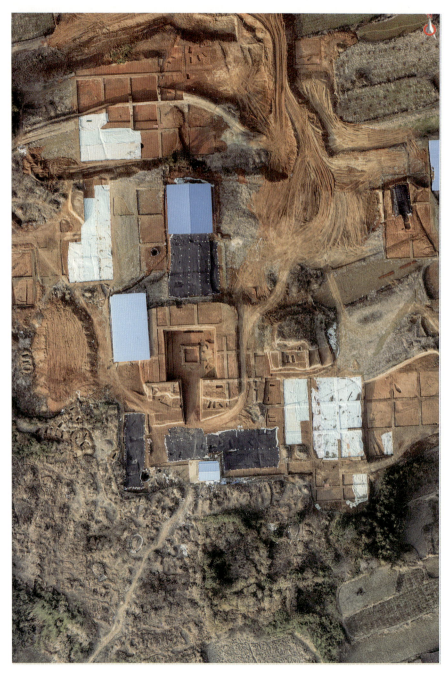

海昏侯墓及其墓园航拍图

车马坑全景

（上）主墓发掘前地貌图

（下）主墓封土解剖

（上）主墓M1发掘现场

（下）主墓室三维影像图（俯视）

主棺柩内棺图

（上）乐车库
（下）酒具库

青铜『昌邑籍田』鼎及其铭文

青铜提梁卣

青铜雁鱼灯及其出土现场

青铜鎏金熏炉

青铜鎏金博山炉

青铜器出土现场

青铜镇

编钟

青铜错金银衡饰件顶部纹饰

青铜错金银当卢

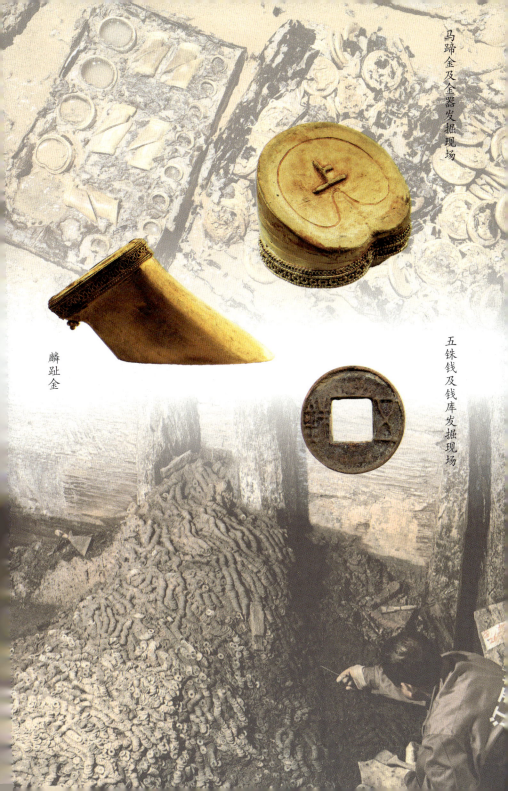

马蹄金及金器发掘现场

麟趾金

五铢钱及钱库发掘现场

「刘贺」玉印

韘形佩
（透雕龙、虎、凤纹饰）

木牍
（有『南藩海昏侯臣贺昧死再拜皇帝
陛下……元康四年』等文字）

贴金片漆笥

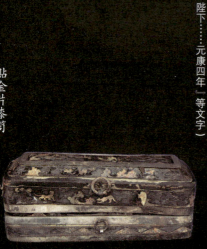

孔子徒人漆衣镜
（绘有孔子及其弟子圣贤像和写有他们生平事迹
的文字，位于主椁室西室中部）

第二次修订说明

南昌西汉海昏侯刘贺墓的考古工作已历时十载有余,取得了一系列具有国际影响力的重大成果。经考古勘探与科学发掘,系统揭示了以紫金城城址、历代海昏侯墓园及贵族与平民墓葬区为核心的海昏侯国都城及陵区格局。该项目荣获第四届"世界考古论坛·重大田野考古发现奖"、2015年度全国十大考古新发现、中国考古学会田野考古奖二等奖及首届考古资产保护金尊奖,并入选第三批国家考古遗址公园立项名单,荣膺第七批全国重点文物保护单位。

本书自2016年初版以来,承蒙学界与读者厚爱,于2018年推出修订版时,我曾填词《八声甘州·拙著重版有感》以志感怀:

忆当年兴趣叩千秋,想见海昏侯。聚班书迁史,晨昏坐拥,百尺楼头。关注椁墩出土,敲键夜难休。一册能重版,素愿终酬。

社稷安危为重，恨揽权祸国，荒怠招尤。竟翻云覆雨，
罢黜变恩仇。策车马，千山万水，每北望，慨口侣沙鸥。真
能手，经营惨淡，仅墓陵留。

十年来，随着考古工作的持续推进、文物的修复，不断有重大
发现惊艳世人，新的研究成果也不断涌现，我始终保持学术关注。

今应江西人民出版社之约和广大读者的期盼，对全书进行
第二次系统修订。本次修订在保持原有框架基础上，逐字逐句
校订文本，补充最新研究成果，更新考古数据，力求学术表述更
加精准完善。期望通过本书，引领读者穿越时空，触摸汉代社会
的脉搏，解码海昏侯刘贺的传奇人生，探寻那个远去侯国的文明
密码。

在此，诚挚感谢江西人民出版社对本书的持续关注与大力
支持，多年来为本书的出版发行搭建平台，精心策划、组织编辑
工作，助力本书得以不断完善并呈现在广大读者面前。同时，也
特别感谢责任编辑王醴颉老师及编辑团队，在每一版的修订过
程中，凭借专业的知识、严谨的态度和细致入微的工作，与我密
切沟通、反复打磨，核查史料，并提供配图，为提升本书品质付出
了诸多心血。没有出版社与编辑团队的倾心付出，就无法有本
书今日的面貌。

胡迎建

2025 年 2 月 1 日

传奇刘贺

序

　　刘贺的一生经历了从王到皇帝、到庶人、再到列侯的转变，可谓跌宕起伏。史书对他充斥着贬损之语，他的昏庸无能的形象似乎已经定型。

　　近来，随着江西南昌海昏侯墓的发现与发掘，大量的珍贵文物得以重见天日，引发了社会各界对这段历史的关注和讨论。本书作者凭借深厚的文史功底，在纷繁芜杂的史料中，梳理出从汉武帝晚年到汉宣帝时期皇位继承的发展脉络，并围绕着刘贺的废立，详细讲述了刘贺、霍光等人的种种政治活动，进而探讨了刘贺被废的原因。尤其可贵的是，作者从西汉王朝政治难题的表象，向深处挖掘到制度缺陷的内因，由"讲"历史升华到"释"历史。

　　此外，作者还注意到最新的海昏侯墓考古成果，运用"二重证据法"将历史文献与考古资料相结合,重新解读刘贺的历史形象,得出刘贺很可能并非史书记载的那样昏聩、荒唐。

本书行文流畅,语言生动而不失严谨,且收录有海昏侯墓现场及出土文物的大量精美图片,对历史或文物考古感兴趣的读者都会有所教益,是一部雅俗共赏的文史力作。

马永赢

2016年3月

马永赢,陕西省考古研究院研究员。研究领域为秦汉考古,主要课题是西汉帝陵。参与并主持了汉景帝阳陵、汉武帝茂陵、汉高祖长陵等的考古研究工作,发表《秦汉之际的"功""德"思想与汉陵陪葬墓的兴起》等论文30余篇,出版《五陵原与西汉帝陵》《汉阳陵》等著作。在中央电视台社会与法频道(CCTV-12)主讲《汉景帝的地下王朝》《海昏侯刘贺》等系列节目。

前　言

　　自2015年11月以来,各方媒体在纷纷报道江西省南昌市新建区出土的汉代海昏侯墓,其规模之宏大、出土文物数量之多而且珍贵,引起了世人的惊叹、好奇与热议。起初报道是海昏侯墓,但海昏侯前后有四代,究竟是第几代海昏侯,当时尚未能明确。随着越来越多的文物证据出现,墓主已确定是第一代海昏侯刘贺无疑了。

　　刘贺的身份复杂,帝王之裔,且是雄才大略的汉武帝之孙。起初嗣位为昌邑王,后又嗣位为帝,在位仅二十七天,权倾一时的大司马、大将军霍光就将他废黜了。本书尝试叙述、解读刘贺戏剧性的浮沉一生。他的命运与结局,除了其禀性之外,还与当时的政治制度、社会背景有着莫大的关系。

　　汉武帝分封诸子为王。诸子血统纯正,无论贤愚,都有可能成为帝国的主宰,承继大统,贵为帝王,或者裂土分封为王,食邑一方。他们的性格和走向,关系着大汉王朝的未来,甚至和百姓的祸福休戚相关。一个残暴或昏庸的帝王可以使万千小民百姓家破人亡,一个贤明能干的君主也可以使治下的百姓免遭横征暴敛和胥吏的荼毒。

成为太子,是登上皇位的台阶。可是,汉武帝的嫡长子刘据惨死于"巫蛊之祸",其他诸子大多不成器或不守礼法、不读诗书,或窥伺皇位、勾结大臣图谋不轨。因为,高祖刘邦打下的江山,只有刘家人能坐,帝玺只能交给自己的后代才放心,所以汉武帝迟迟未能选中他的接班人。直到病危之际,托幼子刘弗陵于霍光。为了不蹈吕后专权之辙,竟将其母钩弋夫人赐死。但其实幼子刘弗陵究竟禀性如何、能力如何,对于汉武帝来说,完全是未知数。可以说,作为一代英明的帝王,在教育后人、物色接班人方面是一个失败者。

霍光本是一个文化程度不高的武人,以外戚关系而升迁高位,忠心事主,敢负责任并有担当,有相当的治政手腕与控制政局的能力。然当权久了之后,势力逐渐坐大,党羽盘踞于朝廷,形成盘根错节的关系。霍光辅佐昭帝,不免有挟持之嫌。昭帝无后,其岂无责?昭帝之后,不听众臣的主张,偏偏要立昌邑王刘贺,仅二十七日在位,继而又以宫廷政变的手段改立宣帝。一言九鼎,铁腕斡旋,然如此草率而立,岂无失察之责?强行废黜,做法似不厚道,并不如商代伊尹之待太甲。太甲被废数年,受教育改正了错误,伊尹即还政于太甲。而刘贺即使未废,也只不过是任他摆布的一个傀儡。后来，宣帝恩加霍氏之厚，历朝罕有其比，然其亦令皇帝慑于其威，如芒在背。三朝老臣霍光长期把持朝政，专横独断、私欲熏天，以至身死族灭，羽翼尽被剪除，世人称快，悲乎！几十年间，在长安城中的未央宫中上演了一出出惊心动魄的大戏。

幸好在这百余年间，边疆无大事，匈奴骚扰不多，不足以构成威胁。民心思治，尽管朝廷内部风暴激烈，但社会尚称安定，经济也在稳步发展。

昌邑王刘贺本是放纵不羁的贵胄公子，年轻时被迎入长安，嗣为昭帝之后，充当继子，却既无哀悼之心，亦无孝道之义。他既无笼络老臣的手段，又不具备治国安邦、掌控全局的能力，仅将原封地旧臣调入朝中任职，绝非霍光的对手，故旋踵之间，即被布置妥当的霍光撵下台，落魄而返回昌邑。皇太后降诏，撤销昌邑国，归属山阳郡。他闲居十年，汉宣帝念及同为帝胄，将他封为海昏侯。刘贺来到长江以南，在赣江之畔的侯国，度过了黯淡的最后岁月。他的大起大落，他的失败，有其主观原因，也有客观原因，留待后面叙说。

刘贺的一生，在《汉书》中，不仅"武五子传"中有其传记，在其他卷的"本纪""列传""外戚传""天文志""五行志"都有他的踪影，诸多零碎的痕迹，足见他的被废在汉朝社会各方面都引起了相当大的震撼。而且汉朝的主流社会与士族对刘贺其人必定持贬斥的、推倒的态度。班固对刘贺其人之描述与评价亦多为负面形象，对霍光之专制也有犀利的批判。在某种意义上，他的评

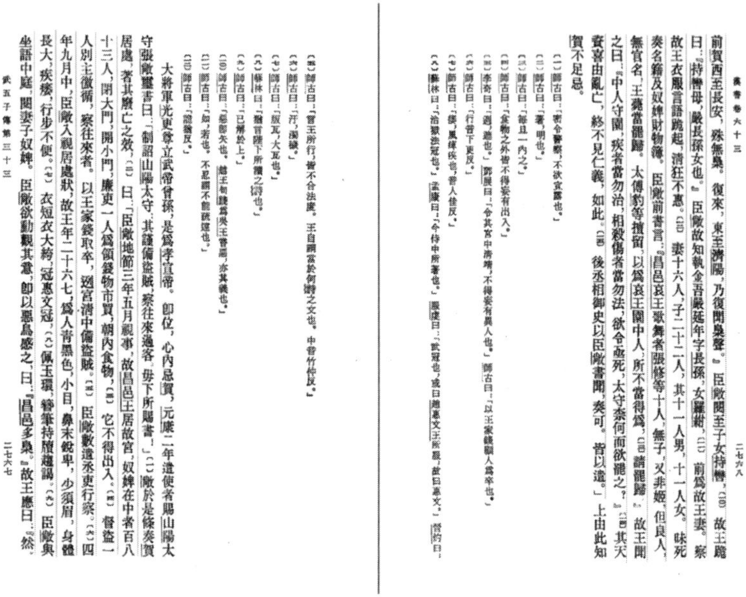

〔五〕師古曰：「嘗王所行，皆不合法度。王自謂當於何詩之文也。中音竹仲反。」
〔六〕師古曰：「汙，濁穢。」
〔七〕師古曰：「瓴瓦，大瓦也。」
〔八〕蘇林曰：「猶言陛下所讀之詩也。」
〔九〕師古曰：「已辯於上。」
〔十〕師古曰：「惡聞失也。越王句踐爲吳王嘗矢，亦其義也。」
〔十一〕師古曰：「如，若也。不忍謂不能訣遣也。」
〔十二〕師古曰：「譖音反。」

大將軍光更尊立武帝曾孫，是爲孝宣帝。即位，心內忌賀，元康二年遣使者賜山陽太守張敞璽書曰：「制詔山陽太守：其謹備盜賊，察往來過客。毋下所賜書！」〔一〕敞於是條奏賀居處，著其廢亡之效，〔二〕曰：「臣敞地節三年五月視事，故昌邑王居故宮，奴婢在中者百八十三人，閉大門，開小門，廉吏一人爲領錢物市買，朝內食物，〔三〕它不得出入。〔四〕督盜一人別主徼循，察往來者。以王家錢取卒，迾宮清中備盜賊。〔五〕臣敞數遣丞吏行察。〔六〕四年九月中，臣敞入視居處狀，故王年二十六七，爲人青黑色，小目，鼻末銳卑，少須眉，身體長大，疾痿，行步不便。〔七〕衣短衣大絝，冠惠文冠，〔八〕佩玉環，簪筆持牘趨謁。〔九〕臣敞與坐語中庭，閱妻子奴婢。臣敞欲動觀其意，即以惡鳥感之，曰：『昌邑多梟。』故王應曰：『然。

武五子傳第三十三　二七六七

漢書卷六十三　二七六八

前賀西至長安，殊無梟。復來，東至濟陽，乃復聞梟聲。』臣敞閱至子女持轡，〔十〕故王跪曰：『持轡母，嚴長孫女也。』臣敞故知執金吾嚴延年字長孫，女羅紨，〔十一〕前爲故王妻。察故王衣服言語跪起，清狂不惠。〔十二〕妻十六人，子二十二人，其十一人男，十一人女。昧死奏名籍及奴婢財物簿。臣敞前書言：『昌邑哀王歌舞者張修等十人，無子，又非姬，但良人，無官名，王薨當罷歸。太傅豹等擅留，以爲哀王園中人，所不當得爲，〔十三〕請罷歸。』故王聞之曰：『中人守園，疾者當勿治，相殺傷者當勿法，欲令亟死，太守奈何而欲罷之？』〔十四〕其天資喜由亂亡，終不見仁義，如此。〔十五〕後丞相御史以臣敞書聞，奏可。皆以遣。」上由此知賀不足忌。

〔一〕師古曰：「密令警察，不欲宣露也。」
〔二〕師古曰：「著，明也。」
〔三〕師古曰：「每旦一內之。」
〔四〕師古曰：「食物之外皆不得妄有出入。」
〔五〕李奇曰：「迾，遮也。」鄧展曰：「令其宮中清靖，不得妄有異人也。」師古曰：「以王家錢顧人爲卒也。」
〔六〕師古曰：「行音下更反。」
〔七〕師古曰：「痿，風痹疾也，音人佳反。」
〔八〕蘇林曰：「治獄法冠也。」孟康曰：「今侍中所著也。」服虔曰：「武冠也，或曰趙惠文王所服，故曰惠文。」晉灼曰：

（东汉）班固：《汉书》卷六十三《武五子传》第三十三，中华书局1962年版，第2767—2768页

价代表了整个统治阶层、上流社会的看法。然中国史书对于被打倒的人物一向有尽力丑化、堆积劣迹的传统，以至与人物的本来面目相去甚远。对刘贺其人，必有诸多矫诬不实之词，堆积罪状之处，围绕他而出现的种种怪异迹象，乃是西汉五行学说之附会，并无科学根据。进而言之，班固是东汉人，距离刘贺时代已有一百多年，他使用西汉皇家档案，但那些材料难保不被皇室成员、史官篡改、删削，以维护封建政权的正统性与合法性。然而从如今出土的青铜器、竹简、孔子徒人图漆衣镜、二十五弦瑟等文物来看，作为昌邑王、海昏侯的刘贺，是一位懂读书、好音乐的读书人，而且还应是一个管理型的人才，能够治理好他的小邦

国;并非如《汉书》所说的是个糟糕透顶的混混儿、荒唐者,其形象或许受霍光等权臣政治博弈影响而被刻意贬损。。

班固之《汉书》,"究西都之首末,穷刘氏之废兴,包举一代,撰成一书,言皆精炼,事甚该密,故学者寻讨,易为其功。自尔迄今,无改斯道"[1],首创纪传体断代史,资料丰赡,组织精密,相互呼应,叙事得当,文笔通畅,偶有瑕疵,不足为奇。我们并无根据与理由怀疑班固的正直与史笔。班固笔下的人物,与班固本人的评价,绝非全是个人所为,而是无意或有意体现了汉朝廷和士族阶层的立场与意图。而且笔下的人物也是经由前人加工过并参与过塑造。换言之,班固的《汉书》是根据前人的材料并受前人的影响而撰写的。千年以后的司马光,聘刘恕、刘攽为副手,所编《资治通鉴》将不同人物的相关事件组合到同一时间段,上继《春秋》之编年体。《资治通鉴》对于《汉书》中的刘贺史料,能考订班固之小误,淡化天人感应之说。但对于刘贺其人的叙写与评价,与《汉书》无大异,更无翻案的文字。

还有一些地理书,如南北朝雷次宗《豫章记》、南北朝郦道元《水经注》、清代王谟《江西考古录》以及方志中,也都有海昏侯、海昏国一鳞半爪的记载。

本书力求忠于史实,只是将多处史料作了一番组织剪裁,填补言外之意,不为演义,不作戏说,而且结合如今海昏侯墓出土的文物,对正史中的刘贺其人,有了一些新的认识,作了一些推

---

[1]刘知几撰,浦起龙释:《史通通释》,上海古籍出版社1978年版,第22页。

测,但无意全盘翻史书之案。即有立论,不持偏见,不为过激之言论。为了增加可读性、生动性,雅俗共赏,本书引用较长的史料,大多改用浅易的语体文。还有更多的话题,留待感兴趣的读者讨论,留待专家学者深入探究。

目录

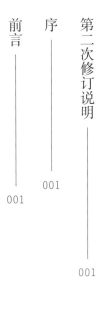

一

汉武帝与后妃、诸子

若要了解刘贺其人，还得先从刘贺的祖辈说起。

汉高祖十二年（前195），刘邦驾崩，太子刘盈继位，是为汉惠帝。刘盈在位七年驾崩。吕后专权，先后立了两个傀儡皇帝，即少帝刘恭、刘弘，她的兄弟掌握了朝廷军政大权。汉高后八年（前180），吕后一死，太尉周勃、丞相陈平等大臣就把诸吕一网打尽，迎立代王刘恒，是为汉文帝。

汉文帝刘恒（前202—前157），是汉高祖刘邦的第四个儿子，母亲为薄姬，汉惠帝刘盈之弟，起初分封在代国，下有代郡、雁门、定襄、太原四郡。文帝刘恒登基三个月后，立刘启为皇太

汉文帝刘恒像

子。文帝在位二十三年，采取与民休息、轻徭薄赋的国策，国力渐强。文帝后元七年（前157）驾崩，太子启即位，是为景帝。在位十七年，景帝后元三年（前141）正月，景帝崩。他的第十个儿子刘彻嗣位，即汉武帝。如果加上吕后所立的两个短命皇帝，那么刘彻就是西汉的第七位皇帝。

汉武帝刘彻像

汉武帝刘彻（前156—前87），是一位雄才大略的皇帝，他为大汉江山的基业、汉民族的强盛立有丰功伟绩。称之千古一帝，不为过誉。他为巩固皇权、削弱丞相权力而设置中朝，尚书台就是这一时期出现的；在地方设置刺史，开创察举制以选拔人才；将盐铁和铸币权收归中央；文化上采用了董仲舒的建议，"罢黜百家，独尊儒术"，结束了先秦以来"师异道、人异论、百家殊方"的局面。

武帝推行开边拓疆的国策，在军事上，首先平定了南方闽越国的动乱；后又派名将卫青、霍去病三次大规模出击匈奴，收复河套一带，打通河西走廊，基本解决了西汉初期以来匈奴对中原的威胁；后又征服朝鲜。在外交上，汉武帝两次遣使出使西域，丝绸之路即由此而始。

在天文历法上，汉初一直推行秦历，以十月为岁首。汉武帝太初改历，施行新历法。而春节正是始于太初改历，汉武帝改正朔。汉武帝是中国历史上第一位使用年号的皇帝。

然而汉武帝又是有严重过失的人物。他继位时十六岁，在位五十四年。中国历代帝王中，武帝刘彻算得上是一个长寿的君主。长期执掌帝国的最高权力，无令不行，无欲不从，决人生死，只在一念之间。在他的主导下，连年征战，耗尽了国库，导致民生凋敝。征和四年（前89），刘彻下罪己诏，谓之《轮台诏》，检讨自己的过失。班固在《汉书·武帝纪》中不吝赞美之词，说："武帝之雄才大略，不改文景之恭俭以济斯民，虽《诗》《书》所称，何有加焉！"[1]可是班固却在《汉书·刑法志》中严厉谴责汉武帝：

> 及至孝武即位，外事四夷之功、内盛耳目之好，征发烦数，百姓贫耗，穷民犯法，酷吏击断，奸轨不胜，于是招进张汤、赵禹之属，条定法令，作见知故纵、监临部主之法，缓深故之罪，急纵出之诛。其后奸猾巧法，转相比况，禁罔浸密。律令凡三百五十九章，大辟四百九条，千八百八十二事，死罪决事比万三千四百七十二事。文书盈于几阁，典者不能遍睹。是以郡国承用者驳，或罪同而论异。奸吏因缘

---

① (东汉)班固：《汉书》卷六《武帝纪》第六，中华书局1962年版，第212页。

为市,所欲活则傅(附)生议,所欲陷则予死比,议者咸冤伤之。①

武帝对外是穷兵黩武,对内则苛政峻法。张汤、赵禹均为当时的酷吏,刑律之苛严如:若知犯法者而不举发,则被认为故意纵容犯罪,而罪犯的主管部门及上级主管官员、监察官员,都要连坐。各种案例辗转比附。刑律苛严,而奸吏借机交易,营私舞弊。要人活下去,就可留命;要陷害人,就能置人于死地。甚至连太子刘据也遭受冤案,身首不保。

千年以后的北宋史学家司马光也批评汉武帝说:"孝武穷奢极欲,繁刑重敛,内侈宫室,外事四夷,信惑神怪,巡游无度,使百姓疲敝,起为盗贼,其所以异于秦始皇者无几矣。"②认为其专横独裁的后果是官逼民反。又论及武帝时期:"征发烦数,百姓贫耗,穷民犯法,奸轨不胜。"③并且在巫蛊案中冤杀无辜。

武帝刘彻喜好女色,多内宠,先后宠爱的皇后与嫔妃,大多有传奇的故事与凄楚的结局。第一个陈皇后名叫陈阿娇,"金屋藏娇"就来自她的故事。志怪小说《汉武故事》曰:"长公主抱(刘彻)置膝上,问曰:'儿欲得妇否?'胶东王(刘彻)曰:'欲得妇。'问

①(东汉)班固:《汉书》卷二十三《刑法志》第三,中华书局1962年版,第1101页。

②(北宋)司马光:《资治通鉴》卷二十五《汉纪十七》,"宣帝地节三年",中华书局1956年版,第812页。

③(北宋)司马光:《资治通鉴》卷二十二《汉纪十四》,"武帝后元二年",中华书局1956年版,第747页。

曰:'阿娇好否?'于是笑对曰:'若得阿娇,当作金屋贮之也。'"①

武帝起初为胶东王,后来成为太子,与其母孝景王皇后和其姑母长公主刘嫖有很大关系。刘嫖是汉武帝的姑母兼岳母,她将她的女儿陈氏嫁给当时四岁(古代按虚岁计算)的刘彻。刘彻即帝位后,立陈氏为皇后,十余年未生子女。听说武帝宠幸卫子夫,陈皇后痛苦得死去活来。后又企图以巫蛊之术诅咒卫子夫,事情暴露后被废除皇后,幽禁于长门宫。无奈之下,陈氏奉黄金百斤请辞赋家司马相如为她写了一篇情感缠绵悱恻的《长门赋》。此赋为楚辞体,将人的内心情感的波动与行为加以结合,写一位失恋女子在焦急和失望中的活动以及她目中所见情景。她登上兰台而遥望,精神恍惚,看到天上浮云四塞,白昼如阴;又看到桂树、孔雀、玄猿、鸾凤,但心气不舒,步下兰台,徘徊于深宫。但因为等了一天而没有任何消息,她绝望了。于是,她"悬明月以自照兮,徂清夜之洞房。援雅琴以变调兮,奏愁思之不可长"。梦中,她所思念的人好像在身旁,醒了却不见,她感到极度失望,倍增凄凉,然而这一切都打动不了武帝的铁石心肠。竟使得千年之后的大词人辛弃疾还为之怅然:"长门事,准拟佳期又误。蛾眉曾有人妒。千金纵买相如赋,脉脉此情谁诉?"(《摸鱼儿·更能消几番风雨》)

第二个受宠的是卫皇后,名卫子夫。当年是一名歌伎,出身微贱。其家称为卫氏。她的父亲郑季为吏,给事平阳侯家,与

---

① 事载(北宋)李昉:《太平御览》卷八十八,中华书局1962年版。

侯妾卫媪私通，生下了卫青，故冒姓卫。当时武帝的姐姐平阳公主挑选了十多个良家女，养在府中，习歌练舞。其时武帝刘彻往霸上祭祀，经过姐姐平阳公主家。宴会中令歌女献唱，刘彻一眼看中公主府上的歌队主唱卫子夫。公主明白了他的意思，让卫子夫侍候刘彻更衣，由此得幸。刘彻启车驾回宫，公主即命卫子夫随行。可是入宫经年，武帝刘彻把她冷落到一边，忘记了她。后来武帝下令清理后宫，斥逐看不入眼的宫妃。卫子夫涕泣求去，武帝顿生爱怜之心，复被幸怀孕，不久生下武帝第一个儿子刘据，于是被立为皇后。

卫子夫之弟卫青，因姐姐的关系而入宫为侍卫，后因击匈奴有功，封长平侯。恰巧平阳公主的丈夫曹寿病死，平阳公主改嫁卫青，卫青便成了武帝的姐夫，可谓亲上加亲。皇后卫子夫的姐姐和小吏霍仲孺私通，生子霍去病，因而与皇后有亲。霍去病是名将卫青的外甥，擅长骑射，用兵灵活，注重方略，不拘古法，勇猛果断，善于长途奔袭、闪电战和大迂回、大穿插作战，以征讨匈奴之军功，被封为冠军侯。卫、霍二人军功显赫，名载青史。他们是卫氏女人两代的私生子，舅甥二人以外戚之重，总揽汉家军事大权。

元狩元年（前122），刘据被立为太子。卫子夫为皇后三十八年，年老色衰，在巫蛊事件中被迫自杀了。

武帝又先后宠幸过王夫人、李夫人，皆早卒，后来又宠幸过尹婕好、赵婕好（钩弋夫人）。在此要详细介绍的是当年汉武帝心爱的李夫人，她是昌邑哀王刘髆的母亲，本书主角昌邑王刘贺

李夫人像

的祖母。她的几位兄长，也是西汉史上赫赫有名的人物。

李夫人本是平民子女，自幼为倡。倡，乐人，并非后世所言娼妓，而是类似后世的歌舞演员。李夫人二哥李延年原本因犯法而受宫刑，负责饲养宫中的狗，后因擅长音律，颇得武帝宠爱。每当他演唱新声变曲，听众无不感动。有一次，李延年侍奉皇上起舞，演唱了他自己创作的一首诗歌：

北方有佳人，绝世而独立。
一顾倾人城，再顾倾人国。
宁不知倾城与倾国，佳人难再得！

武帝叹息说："好啊！世间还真有这样的佳人吗？"武帝的姐姐平阳公主趁机介绍说李延年有一妹妹擅长舞蹈。皇上召见了她，真的是妙丽善舞的北方佳人，顿时心花怒放，于是将她纳入宫中为妃。从此李夫人得到汉武帝的宠幸，并为汉武帝生下一子，即昌邑哀王刘髆。

李夫人红颜命薄。病危之际，武帝去看望她，坐在她的床

传奇刘贺

头。李夫人蒙被遮头道歉说:"妾久寝病,形貌毁坏,不可以面见皇上。妾希望将儿子与兄弟托付给您。"武帝说:"只要让我看卿一眼,将加赐千金,封卿的兄弟为尊贵的官。"夫人说:"授不授尊官,在于帝之心意,不在于见皇上一面。"皇上还是坚持说一定要见上一面,夫人于是转过头,面向墙壁,嘘唏叹息而不再说话。

皇上颇不高兴而离去。她的姐姐责备她说:"贵人为何偏偏不肯见皇上一面,既然嘱托兄弟于皇上,为何留此遗憾?"其实李夫人深谙武帝之性情,她说:"我之所以不愿意见皇帝一面,就是因兄弟托付之重。我以容貌之漂亮,能够以一微贱之身得到皇上的爱幸。以色事人,一旦色衰,则爱也就松弛了;爱怜松弛,则恩情也就断绝了。皇上之所以眷眷怜爱我,就是因为我平生还有他喜爱的容貌。如果现在他看见我形貌毁坏了,颜色不如以前,必定讨厌我,唾弃我,哪里还会再追思我,记得重用我的兄弟啊!"

李夫人去世后,汉武帝以皇后规格的丧礼安葬了她。怜悯她青春早逝,请画师将她的形貌画下来,挂在甘泉宫内。武帝后来思念李夫人已不可复得,却有投其所好者。当时从齐鲁来了一位方士少翁,入宫拜见武帝,说他能以方盖在夜间使得李夫人现出形貌。经准许后,方士少翁在夜间点亮灯烛,张设帷帐,摆设酒肉,而让武帝在另一帷帐中遥望。眼前出现一位漂亮的女子,宛若心爱的李夫人模样,却不能走近仔细观察。皇上更加相思而悲感,为她作诗云:"是邪,非邪?立而望之,偏何姗姗其来迟!"命令乐府诸位音乐家谱曲弹唱。①

作为生命个体,汉武帝与普通人没有什么两样,他既不能挽回自己宠姬的生命,也无法延缓自己的衰老。在后宫众多的妃嫔之中,他最偏爱的是李夫人,李夫人偏偏早卒,这不能不使他倍感神伤,这种沉痛已极的悲哀,自然也会在他的抒情诗作中得到充分的表现:"秋风起兮白云飞,草木黄落兮雁南归。兰有秀兮菊有芳,怀佳人兮不能忘。"(《秋风辞》)秋日乃惹人幽思,虽有幽兰含芳,秋菊斗艳,然凋零的草木,呼唤的归雁,容易勾引汉武帝对故去"佳人"不尽的思念之情。此辞写得缠绵流丽,明代胡应麟认为:《秋风辞》乃百代情至之宗。"②

其时在长安城中凿挖了游览胜地昆明池,池水碧波荡漾。皇上乘着宛若翔禽般的舟船,慢悠悠地前行。其时日已西斜,凉风激荡着波浪,武帝聆听女伶的悠扬歌声,情动于中,因而赋《落叶哀蝉曲》③曰:

　　　　罗袂兮无声,玉墀兮尘生。

　　　　虚房冷而寂寞,落叶依于重扃。

　　　　望彼美之女兮,安得感余心之未宁?

---

①(东汉)班固:《汉书》卷九十七上《外戚传》第六十七上,中华书局1962年版,第3952页。

②胡应麟:《诗薮·内编》卷三,上海古籍出版社1958年版。

③《落叶哀蝉曲》,有人认为是伪托汉武帝刘彻所作。此曲被美国诗人庞德"改写"后,突出体现了意象派诗歌的特点,被称为美国诗史上的杰作。

恍惚之间,仿佛看到李夫人飘然走过,忽又感到失去她的寂寞。望见其他漂亮的女人,更引起武帝思念的心情,久久不能平静。

又作《思李夫人赋》以伤悼云:

美连娟以修嫭兮,命樔绝而不长。饰新宫以延伫兮,泯不归乎故乡。惨郁郁其芜秽兮,隐处幽而怀伤。释舆马于山椒兮,掩修夜之不阳。秋气憯以凄泪兮,桂枝落而销亡。神茕茕以遥思兮,精浮游而出疆。托沉阴以旷久兮,惜蕃华之未央。念穷极之不还兮,惟幼眇之相羊。函菱莪以俟风兮,芳杂袭以弥章。的容与以猗靡兮,缥飘姚乎愈庄。燕淫衍而抚楹兮,连流视而娥扬。既激感而心逐兮,包红颜而弗明。欢接狎以离别兮,宵寤梦之芒芒。忽迁化而不反兮,魄放逸以飞扬。何灵魄之纷纷兮,哀徘徊以踟蹰。势路日以远兮,遂荒忽而辞去。超兮西征,屑兮不见。浸淫惝悦,寂兮无音。思若流波,怛兮在心。

乱曰:佳侠函光,陨朱荣兮。嫉妒阘茸,将安程兮。

方时隆盛,年夭伤兮。弟子增欷,涕沫怅兮。

悲愁於邑,喧不可止兮。向不虚应,亦云已兮。

嫶妍太息,叹稚子兮。㒟栗不言,倚所恃兮。

仁者不誓,岂约亲兮?既往不来,申以信兮。

去彼昭昭,就冥冥兮。既下新宫,不复故庭兮。

呜呼哀哉,想魂灵兮!

"弟子增欷",指的是李夫人弟兄儿子;"叹稚子兮",指的是年幼的昌邑王刘髆,正是当年李夫人托付给武帝的人。此赋哀感顽艳,一往情深,一代雄才大略的君主,竟有如此真挚情爱与杰出才华。这是武帝唯一存世的辞赋,明人王世贞对汉武帝的艺术才华颇为推崇,认为"《秋风》一章,几于《九歌》矣。《思李夫人赋》,长卿(司马相如)下,子云(扬雄)上"(《艺苑卮言》)。①

　　当时,武帝以李夫人的大哥李广利为贰师将军,让他率师征伐大宛国,立功以封侯;二哥李延年因李夫人生子昌邑王(指昌邑哀王刘髆)而被封为协律都尉,时在元狩三年(前120)。这一官职负责制谱配乐,训练乐工演奏,采集民歌,管理乐府。李延年本人也是一位诗人,前所述的"北方有佳人"即是一首五言诗。尽管后来李延年并无多大过失,但结局却极为可悲。"李夫人产昌邑王,延年由是贵,为协律都尉……久之,延年弟季与中人乱,出入骄恣。及李夫人卒后,其爱弛,上遂诛延年兄弟宗族。"②因其弟李季在后宫淫乱而且骄横,加以李夫人已逝,延年兄弟与宗族大多被武帝诛杀,唯有李广利因率军在西域的大宛国征战,侥幸逃了一命。

　　等到武帝驾崩后,大司马霍光奉承先帝之雅意,以李夫人配享宗庙,追上尊号曰孝武皇后。

---

　　①王世贞:《艺苑卮言》卷二,载丁福保辑《历代诗话续编》中册,中华书局1983年版,第976页。
　　②(东汉)班固:《汉书》卷九十三《佞幸传》第六十三,中华书局1962年版,第3725—3726页。

　　　　　　　　　　　　　　　　　　传奇刘贺

西汉时,女子一旦为帝王的后妃而受宠爱,即有机会被立为皇后,其家属也因裙带关系而受赏封侯,荣宠一时,所谓"一人得道,鸡犬升天"。 皇后一旦宠衰,皇帝对女人的兴趣,就会转移到其他妃嫔的身上。故围绕后妃的争权夺利和钩心斗角的矛盾异常复杂尖锐;兴废成败,荣辱得失,往往在旦夕之际,而且失败者居多,保全者甚少。据班固统计,西汉一代"外戚后庭色宠著闻二十有余人,然其保位全家者,唯文、景、武帝太后及邛成后四人而已。……其余大者夷灭,小者放流"。[①]后妃连同她的家族,命运实在是难以捉摸把握。

汉武帝一共生有六个儿子,其中太子刘据是卫皇后所生。另外五子是:王夫人生子齐怀王刘闳,元狩六年(前117)立,早亡;李姬生燕王刘旦和广陵王刘胥,与齐怀王刘闳同时立;李夫人生昌邑哀王刘髆[②],天汉四年(前97)立;最小的就是钩弋夫人即赵婕妤所生的刘弗陵。

班固在《汉书》中立《武五子传》,刘据、刘闳、刘旦、刘胥、刘髆五人合于此传,详其始末,反映出汉统治者内部围绕皇权展开的复杂尖锐的斗争。还有一位最小的儿子刘弗陵另入《昭帝纪》。

元狩元年(前122),汉武帝立卫皇后所生的刘据为皇太子,当时刘据仅七岁,定其为帝位继承人;其他四子封为王,要求"世为汉藩辅"(其时刘弗陵尚未出生)。不料事与愿违,首先是王夫

①(东汉)班固:《汉书》卷九十七下《外戚传》第六十七下,中华书局1992年版,第4011页。
②刘髆生前称昌邑王,去世之后谥哀,故史称昌邑哀王。

人所生的刘闳,武帝刘彻第二个儿子,出生于元朔二年(前127),封为齐王,元封元年(前110)去世,年仅十七岁。皇帝与太子间保持着若即若离的父子和君臣关系。如果不出意外,太子刘据本来可以顺利接班,成为大汉帝国最高的统治者。但太子也并非武帝完全信任的人,否则也不会发生致使太子死于非命的结局。

"巫蛊之祸"是汉武帝末年皇室内部发生的重大政治事件,缘起于宠臣江充。江充(?—前91),字次倩,本名齐,邯郸人。起初因得罪于赵国太子,逃入关中。太始三年(前94),因告密得以召见,汉武帝拜他为直指绣衣使者①,督三辅盗贼。他不避权贵,执法严明,迁水衡都尉。

当时京城长安盛行巫蛊邪术,甚至在庙堂和宫中也有很多人妄图用此术加害私敌。时人对神怪诅咒之说深信不疑,汉武帝也不例外。征和元年(前92),有一天中午,武帝在建章宫午睡时,忽然梦见有一人带剑入宫,他命令追捕,并无所得,却将他惊吓醒过来了。他以为有人在诅咒他,于是立即派江充去追查。

丞相公孙贺的妻子是皇后卫子夫的大姐,与皇帝有连襟之亲。他的儿子公孙敬声因擅自动用军费1900万钱,事败后被捕下狱。时值汉武帝下诏通缉阳陵大侠朱安世,公孙贺为赎儿子

①直指绣衣使者:汉代官职,《汉书》中又称"绣衣御史"、"绣衣直指"、"绣衣执法"、"绣衣使者",有时又简谓"直指",意即"衔命直指",或"指事而行"。称谓不同,但都是指受皇帝派遣,奉行"捕盗"、"治狱"等特殊使命的官员。也就是负责缉捕活跃在京城的匪盗,同时负责监察官员和王公贵戚的违制行为,又有调动军队的权力,可以诛杀各地官员。

传奇刘贺

之罪,将朱安世捕获移交朝廷。孰料朱安世在狱中上书,声称公孙敬声与卫皇后所生的女儿阳石公主私通,让巫人在汉武帝前往甘泉离宫的路上埋下木偶人诅咒他。武帝信以为真,一怒之下,竟下旨将公孙贺满门抄斩。巫蛊案从此起,阳石公主、诸邑公主、卫青之子长平侯卫伉相继牵连被杀。这一次,被诛杀的后宫妃嫔与大臣有几百人,诛杀的对象居然是丞相、公主和王侯,均是皇亲国戚,可见武帝对巫蛊之术的憎恶与无情。

征和二年(前91),汉武帝在甘泉宫养病。宠臣江充说病在巫蛊,遂受命治巫蛊案件,京师与郡国牵连被冤杀了数万人。此时卫后色衰爱弛。江充与太子据、卫皇后均有矛盾,常担心皇上晏驾后被太子诛杀。七月,他指使胡巫说宫中有蛊气。武帝命江充与按道侯韩说入宫追查。江充便带上胡巫到各处掘地寻找木偶,一直搜查到卫皇后和太子刘据的住室,便把事先准备好的木偶拿出来陷害太子,诬告太子宫中埋的木人最多。还诬告帛书所书的文字不守礼法。太子得知后大恐,听从少傅石德的计策,派人诈称武帝使者,捕杀江充与胡巫、韩说等人。

汉武帝回到建章宫,命丞相刘屈氂派兵讨伐太子。太子刘据举兵对抗,激战五日,兵败逃亡,被迫自杀。死后谥"戾"。按"谥法":"不悔前过曰戾"。明明是太子受了冤屈,却落得个死不知悔改的名声。

征和三年(前90),此冤案真相渐明,高寝郎①田千秋上书为

---

①高寝郎:守卫汉高祖庙的郎官。

故太子刘据讼冤。武帝任命田千秋为大鸿胪①,下旨将江充一家和搜捕太子的官员一并灭族,并把参与办案的一些人用酷刑处死。在这场荒唐的闹剧中,太子、丞相、两名公主等一并罹祸丧命,数万人涉案被杀,冤案遍地,人人谈蛊色变,长安城内一片恐怖气氛。汉武帝此时已悔悟,在太子刘据遇难的地方修了一座望子台以寄托哀思。他的身体也出现了不少症状:失眠、多梦。看来,晚年的武帝并不英明,无上的权力使他养成了冷酷、多疑、专横、武断、昏聩、糊涂、任性的性格,进而变得执拗、荒唐乃至不可理喻。

正当京城长安的巫蛊案初定时,匈奴入侵五原、酒泉郡,杀掠边民。两地守军出战,均不利,领兵的都尉战死。征和三年(前90)三月,武帝命李广利率七万人出五原攻击匈奴,御史大夫商丘成率三万余人出西河,重合侯莽通(马通)率四万骑兵出酒泉。

李广利离开京城时,丞相刘屈氂为李广利饯行。李广利在告别时,对刘屈氂说:"希望你在皇上面前建议,立昌邑(哀)王为太子。昌邑(哀)王能够被立为太子,将来做皇帝,你的相位也就可以长保无忧。"李广利的女儿是刘屈氂的儿媳,两人是儿女亲家。前一年爆发巫蛊之祸时,太子刘据被人诬陷而自杀,而武帝又未立新太子。于是李广利便想趁机让他妹妹李夫人所生的儿子昌邑王刘髆被立为太子,一旦成功,自己就将是国舅,地位将

---

①大鸿胪:管理宾客、朝仪事务的高级官员。

传奇刘贺

更尊贵,权势也将更大。而刘屈氂不仅身为丞相,也是皇亲,他是武帝庶兄中山靖王刘胜之子,起初为涿郡太守,征和二年(前91)公孙贺因罪下狱,他代公孙贺担任丞相,封澎侯,颇得武帝的信任。可以说,在立昌邑王刘髆为太子这个问题上,两人利益完全一致。刘屈氂满口应承,答应寻找机会,向汉武帝建言。

李广利率大军出塞,匈奴派右大都尉与卫律率五千骑兵在夫羊句山峡迎战汉军。卫律原本是胡人,自小生长在汉朝。与协律都尉李延年关系友善,得到李延年的举荐,出使匈奴,等到使团返回的时候,却恰逢汉武帝诛灭李延年家。卫律害怕受到牵连一并伏诛,便逃出大汉国投降了匈奴。匈奴单于宠信他,让他常随从在单于左右。李广利派遣属国胡骑二千与匈奴军对战,匈奴败退,汉军乘胜追击。

同年六月,内者令①郭穰向武帝密告:丞相刘屈氂妻因丈夫多次遭武帝责备,便对汉武帝产生不满,请巫祈祷神灵,诅咒武帝早死。同时,密告刘屈氂与李广利共同向神祝祷,希望昌邑王刘髆将来作皇帝。武帝便下旨主管司法的廷尉查办,结果真有其事。武帝勃然大怒,认为刘屈氂大逆不道,处以腰斩之刑,将刘屈氂的妻儿在长安华阳街斩首,李广利的妻儿也遭逮捕囚禁。

正在指挥大军对匈奴作战的李广利,听到家中妻儿因巫蛊被捕收监的消息,如五雷轰顶,一心想着只有立功赎罪,也许还有一线希望。他居然不根据实际情况,不顾双方军事形势,以数

---

① 内者令:汉代少府属官。《后汉书·百官志》本注:内者令"掌官中帷帐及诸衣物"。

万汉家儿郎的生命为赌注，贸然进军，以求侥幸获胜，遂挥师北进，深入匈奴，直至郅居水。此时匈奴军队已离去，李广利又派负责主管军中监察的护军率领二万骑兵，渡过郅居水，继续向北挺进。与匈奴军队相遇，两军接战。汉军大胜，杀死匈奴左大将及众多的士卒。这时，长史和决眭都尉煇渠侯商议，认为李广利不惜全军安危以求立功赎罪，恐将招致失败，便暗中策划将李广利扣押起来，以阻止其盲目冒险。李广利觉察了长史的计划，将他斩首。他恐怕军心不稳，发生骚乱，便率军由郅居水向南撤至燕然山①。匈奴单于知汉军往返行军近千里，必然极为疲劳，便亲率五万骑兵袭击汉军，汉军伤亡甚众。李广利兵败后投降了匈奴，狐鹿姑单于知道他在大汉身居高位，便将女儿嫁给他，对他的尊宠甚至一度超过了卫律。消息传到长安，按照汉朝刑律，李广利被囚禁在长安的妻儿家人，在李广利投降后悉数被杀而族灭。李广利在投降一年之后，因受到卫律谗害，也被单于杀害。

武帝春秋已高，每每感到倦怠无力，在来日无多的黄昏岁月里，他对死亡充满恐惧。最为纠结的心病是：大汉江山，身后由谁来主宰，究竟立谁为太子？刘据死后，武帝第三子燕王刘旦认为，按长幼之次序，他应被立为太子，便派使者将他的上书呈交给父皇，要求进京担任未央宫的宿卫。汉武帝正在为太子之死而痛悔懊恼之际，闻言大怒，立即下令诛杀刘旦派来的使者。刘旦后又

---

①燕然山：即今蒙古国杭爱山。

传奇刘贺

因窝藏逃亡的罪犯,被削去燕国的良乡、安次、文安三县。此时齐怀王刘闳也死于封地。武帝四子刘胥,勇武有力,喜好倡乐闲游,但行为举止不遵法度,过失不少,武帝不满意,唯寄希望于钩弋夫人赵婕妤所生的幼子,即刘弗陵。武帝去世的前一年,五子刘髆已经病故。

当年赵婕妤(钩弋夫人)家在河间郡,武帝巡狩过河间,望气者说这里有奇女子。待召来一看,果真年轻貌美,更奇的是,一见武帝,她有如钩弋的蜷缩指头立即伸开了。太始三年(前94),武帝东巡,"登之罘,浮大海"。此年钩弋夫人赵婕妤在钩弋宫生下了皇子刘弗陵(即后来的汉昭帝),这为他的凄凉晚景带来一丝慰藉。赵婕妤从怀孕到生产,迟至十四个月。汉武帝认为这是一种非凡的吉兆,因为传说古代的贤君尧就是在母腹中耽留十四个月才生下的。于是,他把赵婕妤所居宫殿的大门称为"尧母门"。武帝有心让他嗣位,但他太幼

钩弋夫人像

霍光像(清末《历代名臣像解》)

小了,而自己年事已高,需要安排大臣辅弼幼子,"察群臣唯光任大重,可属社稷",命黄门侍者画了一幅周公背负成王接受诸侯朝拜的画赐给霍光。可见在武帝心里,霍光之才,可与周公比肩。但武帝却又是一位残忍的君王,为了防止在自己死后,主少母壮,重演高祖时吕后擅权一幕,于是将刘弗陵的生母钩弋夫人赐死。这位绝世美人,哪里会料想到一度怜爱她的夫君竟这么狠毒,罪名是"独居骄蹇,淫乱自恣,莫能禁也"[1]。而这罪名十有八九是不靠谱的。

霍光何许人也,他何以能够一手操纵了刘贺之立与废?欲知刘贺大起大落之命运,不可不知霍光之来历与权谋,不可不略知汉王朝用人之背景。自汉武帝之后,不少皇亲国戚位居要职。大司马卫青和汉武帝,有姻亲的关系。卫青姐姐卫子夫贵

①(北宋)司马光:《资治通鉴》卷二十二《汉纪十四》,"武帝后元元年至二年",中华书局1956年版,第812页。

传奇刘贺

霍光金日磾传第三十八

二九四七

亲唯有卫太子孙号皇曾孙在民间,咸称述焉。故遂复与丞相敞等上奏曰:「……礼曰『人道亲亲故尊祖,尊祖故敬宗』。大宗亡嗣,择支子孙贤者为嗣。孝武皇帝曾孙病已,武帝时有诏掖庭养视,至今年十八,师受《诗》《论语》《孝经》,操行节俭,慈仁爱人,可以嗣孝昭皇帝后,奉承祖宗庙,子万姓。臣昧死以闻。」皇太后诏曰:「可。」光遣宗正刘德至曾孙家尚冠里,洗沐赐御衣,太仆以軨猎车迎曾孙就斋宗正府,入未央宫见皇太后,封为阳武侯。已而光奉上皇帝玺绶,谒于高庙,是为孝宣皇帝。

明年,下诏曰:「夫褒有德,赏元功,古今通谊也。大司马大将军光宿卫忠正,宣德明恩,守节秉谊,以安宗庙。其以河北、东武阳益封光万七千户。」与故所食凡二万户。赏赐前后黄金七千斤,钱六千万,杂缯三万匹,奴婢百七十人……

〔一〕师古曰:「引孝经之言也。」
〔二〕师古曰:「即玺也。」
〔三〕师古曰:「贺不复见其君故也。」
〔四〕师古曰:「晋不隐政令。」
〔五〕师古曰:「诸不早救夭等也。」
〔六〕师古曰:「晋不早救夭等也。」

汉书卷六十八

二九四六

承天序,奉留宗庙,子万姓。臣请有司御史大夫臣谊、宗正臣德、太常臣昌与太祝以一太牢具,告祠高庙。臣敞等昧死以闻。」皇太后诏曰:「可。」光令王起拜受诏。王曰:「闻天子有争臣七人,虽无道不失天下。」〔一〕光曰:「皇太后诏废,安得天子!」乃即持其手,解脱其玺组,〔二〕奉上太后,扶王下殿。出金马门,群臣随送。王西面拜,曰:「愚戆不任汉事。」起就乘舆副车。大将军光送至昌邑邸。光谢曰:「王行自绝于天,臣等驽怯,不能杀身报德。臣宁负王,不敢负社稷。愿王自爱,臣长不复见左右。」〔三〕光涕泣而去。群臣奏言:「古者废放之人屏于远方,不及以政,〔四〕请徙王贺汉中房陵县。」诏归贺昌邑,赐汤沐邑二千户。……〔五〕昌邑群臣坐亡辅导之谊,陷王于恶,光悉诛杀二百余人。出死,号呼市中曰:「当断不断,反受其乱。」〔六〕

(东汉)班固:《汉书》卷六十八《霍光金日磾传》第三十八,中华书局1962年版,第2946—2947页。

为皇后,卫青又娶了汉武帝姐姐平阳公主为妻。骠骑大将军霍去病,是卫青外甥,以外戚而臻高位。

霍光(? —前68),字子孟,河东平阳(今山西临汾)人,是西汉骠骑将军霍去病的同父异母之弟。生父霍仲孺,起先在平阳侯曹寿府中为吏,与平阳侯的侍女卫少儿私通而有了私生子霍去病,后归家娶妻生霍光。霍去病长大以后,在京城任骠姚校尉时,方知生身之父为霍仲孺。汉武帝元狩四年(前119),二十一岁的霍去病被任命为骠骑将军,率兵出击匈奴,路过河东,始得与其父相认,并为其父购买了大片田地、房产及奴婢。当时,霍光仅十多岁。霍去病凯旋还京时,遂将霍光带至京都长安,安置于自己帐下任郎官,后升为诸曹侍中,参谋军事。两年后,屡建奇功的一代名将霍去病去世。其弟霍光做了汉武帝的奉车都尉、光禄大夫,负责保卫汉武帝的安全,类似于后世禁卫军、中央警卫局领导。《汉书·霍光传》中对他的外貌有一番令人肃然起敬的描绘:"光为人沉静详审,长才七尺三寸,白皙,疏眉目,美须髯。"①霍光脸色白皙,眉目疏朗,长有漂亮的络腮胡须;性情沉静,办事周到而审慎。他虽然是依靠同父异母的兄长提携,但日后的飞黄腾达与他自己的努力是分不开的。他忠心耿耿、小心谨慎地保卫武帝,"出则奉车,入侍左右"。受到汉武帝的极大信任。

后元二年(前87)春正月,汉武帝在甘泉宫召见诸侯,然后游幸于盩厔县的五柞宫②,突然病重,危在旦夕。霍光垂涕问卧床上的汉武帝:"如有不测,应立谁为太子?"病恹恹的武帝竟然眼睛发亮,说:"你还不明白我曾赐给你画像的意思吗? 立少子为帝,由你依照周公故事行事吧!"于是封霍光为大司马大将军,金日磾(mì dī)为车骑将军,太仆上官桀为左将军,搜粟都尉桑弘羊为御史大夫。武帝召诸臣都来内室中,在他卧病的床榻前,匐伏在地,拜受君命,共同辅佐日后的君主。"乙丑,立皇子弗陵为皇太子。丁卯,帝崩于五柞宫。"③后元二年(前87),一代雄才大略的

<hr>

① (东汉)班固:《汉书》卷六十八《霍光金日磾传》第三十八,中华书局1962年版,第2933页。

② 盩厔县:属扶风郡。五柞宫有五柞树,因名,在长杨宫东北八里。

③ (东汉)班固:《汉书》卷六《武帝纪》第六,中华书局1962年版,第211页。

汉武帝驾崩，享年70岁，葬于咸阳茂陵，谥号"孝武"，庙号世宗。他身后留下了诸多的后遗症。

当年即在元狩四年（前119），汉武帝以大将军卫青、骠骑将军霍去病功多，特加号大司马，取代太尉之职。后来又任命霍光为大司马兼大将军，足见武帝托孤之倚重。自此，

金日磾像（清末《历代名臣像解》）

大司马常授予掌权的外戚，与大将军、骠骑将军、车骑将军等连称。其位尊胜过丞相，较之后世的枢密使、兵部尚书之类，权力要大得多。

汉武帝托孤的人物还有金日磾（前134－前86），字翁叔，是匈奴休屠王太子，后投汉，居胡城（在今渭南市）。汉武帝因获休屠王的祭天金人（铜制），故赐其姓为金。他也因忠实可靠，担负起了辅佐少主的重任，任车骑将军，位次于大将军及骠骑将军，主管京师兵卫，掌宫卫，是战车部队的统帅。上官桀（前140—前80），字少叔，陇西上邽（今甘肃天水）人。少为羽林期门郎，以勇力著称，累迁未央厩令、侍中、太仆。与李广利统率汉军，北拒匈奴，西

征西域，拓疆守土。转任仅次于上卿的左将军，掌管京师兵卫或屯兵边境。桑弘羊（？一前80），洛阳人，出身商人家庭，十三岁时以精于心算入侍宫中。历任侍中、大农丞等，为武帝推行文治武功事业奠定了雄厚的物质基础，由治粟都尉改任御史大夫。

二

霍光的得势与昭帝的无奈

汉昭帝刘弗陵像

后元二年（前87）二月十五日，武帝幼子刘弗陵（前94—前74）即位，是为汉昭帝，时年仅八岁。封其姊鄂邑公主为长公主，入居皇宫。遵照武帝遗诏，由大将军霍光主持国政，领尚书事，也就是集政权与军权于一身。车骑将军金日磾、左将军上官桀为其副手。武人出身者当道，即便有丞相，不过有名无实而已。霍光功高权重，"帝年八岁，政事一决于光"①。但不

---

①（东汉）班固：《汉书》卷六十八《霍光金日磾传》第三十八，中华书局1962年版，第2932页。

传奇刘贺

满者大有人在。

始元元年(前86)八月,齐孝王刘将闾①之孙刘泽勾结郡国豪杰阴谋反叛。其时,燕王刘旦因年长未被立为帝,心怀不满。刘泽乘机与刘旦通谋,传书郡国,宣称汉昭帝并非是汉武帝的儿子,天下宜共伐之,并约定在临淄与燕地同时起兵。其事为宗室刘成告发,遂被青州刺史隽不疑拘捕诛杀。隽不疑因此被提升为京兆尹。

经过武帝时代向外扩张、穷兵黩武的折腾之后,霍光诸臣辅佐昭帝,采取"与民休息"的宽松国策,有利民生,国力逐渐回升。

这里还要说一说此时期外戚与汉家皇室的裙带关系。当时,辅政的两大权臣——大司马霍光与左将军上官桀政治联姻,即霍光的女儿嫁给了上官桀之子上官安。为了把小皇帝紧紧抓在手里,他们为皇帝安排了一位皇后,就是霍光女儿与上官安所生的女孩,即霍光的外孙女,上官桀的孙女。

始元四年(前83),汉昭帝年十二岁时,他的姐姐鄂邑长公主②为其选皇后。上官安与长公主的情夫丁外人关系密切,转而

①刘将闾(? -前154年):汉高祖刘邦之孙,齐悼惠王刘肥之子。汉文帝四年(前176)尽封悼惠王子七人为侯,他被封为杨虚侯。文帝十六年(前164),文帝分齐为六国,立原所封悼惠王子为侯而尚在者六人为王,他被立为齐王。汉景帝三年(前154),吴楚"七国之乱",三国叛军围齐,他一面派人求救,一面暗与叛军联络。栾布击破叛军后,了解其情,移兵伐齐,他惧而自杀。

②鄂邑长公主:汉武帝刘彻之女,汉昭帝刘弗陵异母姐,生母不详。嫁盖侯为妻,又称鄂邑盖主或鄂盖主。

通过长公主的关系,将年仅6岁的女儿送入后宫,做了婕妤,过了几个月,便受封为皇后,即上官皇后。上官安则因是皇后亲父而升为车骑将军,封桑乐侯。上官家族为了回报长公主,想将丁外人封为列侯,被霍光以"无功不得封侯"驳回。霍光此前又曾多次阻止上官家族其他亲戚封官,双方因而结怨,成为政敌。

御史大夫桑弘羊自恃功高,为子弟求官而被霍光拒绝,且二人的政治主张有严重分歧,因而桑弘羊极为怨恨霍光;汉昭帝的哥哥燕王刘旦因为没有被立为皇帝,也怨恨霍光。于是这几股政治势力就暂时联合起来,试图谋杀霍光,废黜刘弗陵。

始元六年(前81),上官桀、燕王刘旦等人加紧了政变的准备工作。燕王刘旦将夺取帝位的赌注压在上官桀身上,前后派遣十多人,带了大批金银珠宝,贿赂长公主、上官桀、桑弘羊等人,以求得支持他谋取帝位。他们袭用"清君侧"的故伎,派人以燕王刘旦的名义上书汉昭帝说:"霍光正在检阅京都兵备,京都附近道路已经戒严;霍光将被匈奴扣留十九年的苏武召还京都,任为典属国,意欲借取匈奴兵力;霍光还在擅自调动所属兵力。所有这些,都是为了推翻昭帝,自立为帝。"燕王刘旦还声称为了防止奸臣变乱,随时准备入朝宿卫。

按当时制度,吏民上书言事,霍光应领尚书先看,其实是让霍光先行批阅。遇到于他不利的奏书,可压下不报。于是上官桀趁霍光休沐之机,将奏章直接送到昭帝手中,试图通过昭帝把这事批复下来,而后再由他按照奏章内容来宣布霍光的"罪状",由桑弘羊组织朝臣共同胁迫霍光退位。他们没有料到,当燕王刘旦的书信到达汉昭帝的手中,就被汉昭帝扣压,不予理睬。

次日早朝,大司马霍光已得知上官桀的举动,于是他就站在张贴武帝所赠"周公辅成王图"的画室之中凝望,不去上朝。昭帝见朝廷中没有霍光,就问台阶下的朝臣:"霍光在哪里?"上官桀乘机回答说:"因为燕王告发他的罪状,他不敢来上朝。"

昭帝下诏召见大将军。霍光心神不安地走进宫门,摘下大将军冠帽,叩头自责。昭帝温和地安慰他说:"请将军戴上冠帽,我知道那封书信是在造谣诽谤,将军并无罪过。"

霍光好奇地说:"陛下怎么知道?"昭帝语调平静地说:"将军到广明亭去,召集郎官部属罢了。如果将军要调动所属兵力,用不了十天时间,燕王刘旦远在外地,怎么能够知道呢!况且,将军如果真的要推翻我,也无须如此大动干戈!"

上官桀等人的阴谋被十四岁的昭帝一语揭穿,所有在朝大臣对昭帝如此精明善断无不惊叹,霍光的辅政地位由此更为稳固。

上书的人后来逃匿了,官府追捕得很紧。上官桀等人心虚而害怕,就对昭帝说:"这件小事不值得追究。"昭帝不听。之后,上官桀一伙人仍然诋毁霍光。昭帝怒而指斥道:"大将军是忠臣,先帝临终时委托他辅佐朕,敢有诋毁他的人按法处置。"上官桀等人吓得再也不敢说了,昭帝也因此更加亲近霍光而疏远上官桀一党。

元凤元年(前80)九月,上官桀准备发动宫廷政变。计划由鄂邑长公主设宴邀请霍光,命埋伏在两厢的兵士将霍光杀掉,废除汉昭帝,迎立燕王刘旦为帝。长公主门下的稻田使者①燕仓知道了他们的阴谋,向大司农杨敞(司马迁之婿)告发,杨敞连忙转告谏大夫杜延年。霍光掌握了上官桀等人的政变计划,遂先发制人,果断地将上官桀、桑弘羊等主谋政变的大臣统统逮捕,诛灭其家族。长公主、燕王刘旦自知不得赦免,先后自杀身亡。

内乱平定后,霍光得到汉昭帝的全面信任。"光威震海内,昭帝既冠,遂委任光。"②这也就是说,昭帝到了行加冠礼的二十岁时,已有处理政事的能力,按道理,霍光应归政于昭帝,可是霍光权力欲太强,弄得昭帝什么事也干不了,干脆将政事全都交给霍光处理。任其操纵朝政,走向权力的巅峰,无人有能力制约。不但霍光本人权倾朝野,他的儿子霍禹、侄孙霍云还成为统率宫卫郎官的中郎将;霍云的弟弟霍山任奉车都尉、侍中;两个女婿分别担任东宫和西宫的卫尉,掌管整个皇宫的警卫;堂兄弟与诸多亲戚也都担任了朝廷的重要职位,还有众多趋炎附势者也都封官拜爵,从而形成了盘根错节、遍布西汉朝廷的庞大势力网。幸好霍光秉政后的前后十三年,"百姓充实,四夷宾服"③。也就是说,民众富起来了,四方各族小国也都服从大汉王朝,边境无战事。

汉昭帝刘弗陵在位共有十三年,用过三个年号,始元年号有

① 稻田使者:管理稻田租税的官员。
② (东汉)班固:《汉书》卷六十八《霍光金日磾传》第三十八,中华书局1962年版,第2936页。
③ (东汉)班固:《汉书》卷六十八《霍光金日磾传》第三十八,中华书局1962年版,第2936页。

六年,元凤年号有六年,元平年号有一年。元平元年(前74)夏四月十七日,昭帝驾崩于未央宫。

对于汉昭帝之死,《汉书·昭帝纪》和《资治通鉴》均如此记载:"元平元年(前74)……夏四月癸未,帝崩于未央宫。"寥寥数语,未提及死因和相关细节,是病死还是暴毙,是正常死亡还是死于非命,一直是史学界未能破解之谜。

汉昭帝从小健壮而且聪明,"年数岁,形体壮大,多知"[1],"始冠,长八尺二寸"。青年突然暴亡,有人猜测说权臣霍光为了长久把持朝政,秘密害死汉昭帝,但找不到什么史实根据。不过,汉昭帝虽然不是直接死于霍光之手,但他的死跟霍光有莫大关系,为什么如此说呢?

汉昭帝年幼即位时,并无掌控政柄的能力,一切国家大事均由大司马霍光处理。"帝年八岁,政事一决于光","初辅幼主,政

①(北宋)司马光:《资治通鉴》卷二十二《汉纪十四》,"武帝后元元年",中华书局1956年版,第744页。

自己出,天下想闻其风采"。①按汉武帝送给霍光《周公辅成王朝诸侯图》的意思,是让霍光学"周公行政七年,成王长,周公反(返)政成王,北面就群臣之位"②,等汉昭帝长大后便应归还权力,急流勇退。

随着时间推移,汉昭帝长大成人,理应亲政时,霍光仍无意归政于君主。念及霍光还算是忠于汉室,更忌惮他在朝廷中的根基和势力,汉昭帝自知无法与集兵权与人事权于一体的霍光相抗衡,只能继续充当玩偶一般的傀儡皇帝,这让聪明睿智的汉昭帝如何不委屈。至于班固所论:"孝昭委任霍光,各因其时以成名,大矣哉!"③认为昭帝宽厚大度,霍光精明能干,各因时运而成名,了不起。其实这不过是汉昭帝的无奈之举而已。执掌大汉帝国权柄的霍光杀掉了上官桀一家,这种庙堂最高层的血腥杀戮深深刺激了昭帝刘弗陵的心灵,哪里还敢在政事上有什么作为呢?

除了皇权旁落,汉昭帝在私下空间也受到了霍光的极大限制。据晋王嘉《拾遗记·前汉下》记载说,汉昭帝九岁左右时,"元始之年,穿淋池,广千步……时命水戏,游宴永日……乃命文梓为舟,木兰为枻……毕景忘归,乃至通夜"。在船上游玩宴乐,通

---

①(东汉)班固:《汉书》卷六十八《霍光金日磾传》第三十八,中华书局1962年版,第2932页。

②(西汉)司马迁:《史记》卷四《周本纪》第四,中华书局1959年版,第132页。

③(东汉)班固:《汉书》卷七《宣帝纪》第七,中华书局1962年版,第233页。

传奇刘贺

宵达旦,让少年好奇的汉昭帝玩得痛快,"帝大悦,起游商台于池上"。可惜好景不长,"及乎末岁,谏者多,遂省游荡奢侈,堙毁台池,鸾舟荷芰,随时废灭",汉昭帝不得不就此罢休。此后十多年,一直到驾崩,汉昭帝再也感受不到"云光曙开月低河,万岁为乐岂为多"①的乐趣。

霍光专权,除了限制汉昭帝玩乐,连宫闱之事也横加干涉。汉昭帝十二岁时大婚,立上官桀之子上官安之女、年仅六岁的上官氏为皇后。上官皇后也是霍光的外孙女,这一桩政治联姻,也是上官皇后被冷落的根源所在。后来,上官桀父子密谋造反失败后被霍光诛杀,夷灭宗族,牵连甚广,"皇后以年少不与谋,亦(霍)光外孙,故得不废"②。皇后因为年幼未参与谋乱,况且是霍光的外孙女,故而未被废,但经此变故,汉昭帝与皇后还谈得上有多少缠绵恩爱?

上官皇后毕竟是霍光的外孙女,居后宫之首,霍光出于私心,只希望自己的外孙女怀上龙种。《汉书·孝昭上官皇后传》载:"光欲皇后擅宠有子,帝时体不安,左右及医皆阿意,言宜禁内。虽宫人使令皆为穷绔,多其带,后宫莫有进者"③。意思是说,霍光希望外孙女获得专宠而生子,但昭帝身体有时欠佳,而左右仆从与医者也都迎合霍光之意,说昭帝应当禁止与其他宫嫔有云

①事载(北宋)李昉:《太平广记》卷二百三十六。

②(东汉)班固:《汉书》卷九十七上《外戚传》第六十七上,中华书局1962年版,第3959页。

③(东汉)班固:《汉书》卷九十七上《外戚传》第六十七上,中华书局1962年版,第3960页。

雨之欢，况且宫嫔都得穿上这种禁止人行房事的裤子，所以没有哪个宫女能得到昭帝临幸。"穷绔"，一种有前后裆系着紧密的裤子，后泛指有裆裤。现代著名学者黄现璠对此有一番考辨："服虔曰：'穷绔'有前后当〔裆〕，不得交通也。'师古曰：'使令，所使之人也。绔，古袴字也。穷绔，即今（指唐代）字绲裆袴乎？'然依'绲裆袴'观之，又与今日之裤异。按，绲，《诗经·小戎》：'竹闭绲縢。'传云：'绲，绳也。'绲裆袴之腰下前后，施之以裆，唯裆之当私处，仍加开折，而用绳带约束，以便溺溲，与今西装裤前面开折，加之以扣略同，绝非如今唐装裤也。我国自汉至唐，依师古所云，仍穿穷裤，绲裆袴，何时始变如今制，文献未详，仍待吾人之考证。"[1]由此可见，这些奉承霍光的人是如何煞费苦心地设计，汉昭帝连房中事也被管制，其心态与处境可想而知。

对此，《汉书·五行志》也可以作佐证："光欲后有子，因上侍疾医言，禁内后宫皆不得进，唯皇后颛（专）寝。皇后年六岁而立，十三年而昭帝崩，遂绝继嗣。"[2]皇帝只能皇后侍寝，其他妃嫔一概没有机会。按《汉书·昭帝纪》，昭帝十二岁时立八岁的上官氏为皇后，直到驾崩时上官氏仅十五岁，如此年少，也未见得就有生育能力，以致昭帝无后人。

郁郁寡欢的汉昭帝，至临终前一年，病已垂危，朝廷征求天下

①黄现璠：《古书解读初探——黄现璠学术论文选》，广西师范大学出版社2004年版。

②（东汉）班固：《汉书》卷二十七上《五行志》第七上，中华书局1962年版，第1335页。

名医,谋求妙方以治救。《汉书·杜周传》中说:"昭帝末,寝疾,征天下名医,延年典领方药。帝崩,昌邑王即位。"①但终究还是未能挽救其性命。昭帝驾崩后,由昌邑王刘贺即位。这之前,已有茂陵的富人焦氏和贾氏花费数千万的钱财暗中囤积了炭、苇等供办昭帝丧葬用品,企图待价而沽。这是在《汉书·酷吏传》中提到的:"先是,茂陵富人焦氏、贾氏以数千万阴积贮炭苇诸下里物。昭帝大行时,方上事暴起,用度未办,(田)延年奏言:'商贾或豫收方上不祥器物,冀其疾用,欲以求利,非民臣所当为。请没入县官。'奏可。"②至于没收的情节,与酷吏田延年有关。昭帝去世时,因丧事突然,所需物品未置办齐全,大司农田延年便上奏请求将这些商人囤积的物品没收归入内廷。

从"侍疾"、"体不安"到"寝疾"仅三年,就让一个精力旺健的青年皇帝撒手人寰,史书未详载其病症,但必定与霍光"亡周公之德,秉政九年,久于周公,上既已冠而不归政,将为国害"③以及对汉昭帝私生活的横加干涉和限制有关。史家班固对此是持谴责态度的春秋笔法,在他撰的其他传、志中也留下了不少蛛丝马迹,言外之意,不难领略霍光的专横霸道和汉昭帝的委曲求全。"将为国害",任其发展,将成为国家的危害。字字如重锤击钟而

①(东汉)班固:《汉书》卷六十《杜周传》第三十,中华书局1962年版,第2665页。

②(东汉)班固:《汉书》卷九十《酷吏传》第六十,中华书局1962年版,第3665页。

③(东汉)班固:《汉书》卷二十七上《五行志》第七上,中华书局1962年版,第1335页。

警示，道出了强势专权的严重性。也许，假如没有霍光的专横，就不会有此后昌邑王之迎立与废黜。

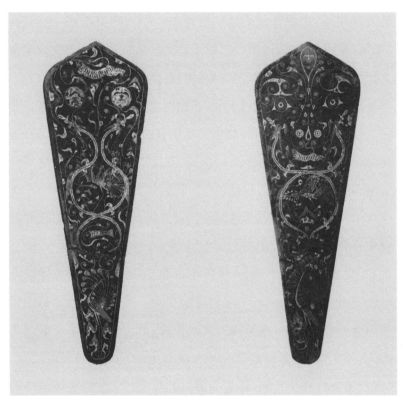

海昏侯墓出土错金神兽纹青铜当卢

传奇刘贺

三

昌邑国与刘髆的小娇儿

回过头来，再说汉武帝第五个儿子，李夫人所生的刘髆，分封在一方富庶之邦——昌邑国，成为第一代昌邑国王。

　　这里有必要补叙上古的王侯制度。早在西周时，文王、武王、周公制订礼法，分爵位为五等，采取分封制。分封了八百个小诸侯国，其中同姓的有五十多个。像周公、康叔建于鲁国、卫国，各有数百里的领地，姜太公封在齐国，也有五侯九伯之地。至春秋时代，五伯（霸）"尊王攘夷"，奉周天子为共主，如此相安近八百年。

　　秦国自秦襄公开始变法而富强，历经六位秦王，蚕食六国，历经百余年，至秦始皇而一统天下。秦始皇嬴政鉴于周制之失，实行中央集权的郡县制。虽然废城池，销兵器，禁议论，烧诗书，以为有中央集权则"为万世安"，然其子弟没有能力支持他，保卫他，"内无骨肉本根之辅，外无尺土藩翼之卫"①。当天下大乱时，

---

①（东汉）班固：《汉书》卷十四《诸侯王表》第二，中华书局1962年版，第393页。

没过多久即被推翻。

汉代在政治上"汉承秦制",分全国为郡县,同时辅以分封藩国制。刘邦以一亭长起兵而成帝业,助他得天下的功臣,论功行赏,先后分封了十八位诸侯王。这些异姓王为他尽力卖命,可是坐拥天下后,高祖忌惮这些势力大且有谋略的功臣,采取各种手段削弱或消灭他们,所谓"狡兔死,走狗烹",异姓王没有几个有好下场,他们或被杀或自杀。只剩下一个地狭势弱的长沙王吴芮,后来病逝于讨伐闽越途中。到了汉文帝时,害怕他姓造反,也是为了刘姓江山的稳固,只封同姓子弟为王。可是矫枉过正,藩国坐大,后来在汉景帝时代,同姓王也联合起来谋反,那就是吴楚"七国之乱",为首的是吴王刘濞。

早在高祖十二年(前195),刘邦立兄刘仲之子刘濞(bì)为吴王。吴王刘濞拥有江淮之地。司马迁《史记》中说:"东有海盐之饶,章山之铜,三江、五湖之利,亦江东一都会也。"[1]《史记》又载:"吴有豫章郡铜山,濞则招致天下亡命者益(盗)铸钱,煮海水为盐,以故无赋,国用富饶。"[2]刘濞召集逃亡犯人为他开铜矿铸钱,煮海水制盐,设立官家集市,不用百姓交纳赋税,吴国因此富饶。乐史《太平寰宇记》卷一〇六还记述南昌县附近的西山,吴王濞曾派人在此采铜铸钱:

①(西汉)司马迁:《史记》卷一二九《货殖列传》第六十九,中华书局1959年版,第3267页。

②(西汉)司马迁:《史记》卷一百六《吴王濞列传》第四十六,中华书局1959年版,第2822页。

> 南昌山在县西三十五里,高二千丈,周回三百里。南
> 昌、建昌、新吴三县迤逦相接者,吴王濞铸钱之山。时有夜
> 光,遥望如火,以为铜之精光。

寥寥九十个字,精炼扼要地写出此山的范围以及夜光之景观,点出汉初吴王濞采铜铸钱于此的史实,由此也可知当初吴王濞为充实财力而到江南采矿。

吴国经济迅速发展,刘濞的政治野心也开始滋生。汉文帝时,刘濞的儿子入朝,与皇太子刘启(即景帝)下棋,因争棋路发生争执,皇太子一气之下,竟抓起棋盘将吴王之子砸死。从此,怀恨在心的刘濞装病不再上朝。汉景帝即位后,吴王刘濞更有谋反之迹象。御史大夫晁错向景帝上书建议"削藩",削夺诸侯王的封地,收归朝廷直接统治。景帝采纳了他的建议,以卖官等罪名先后削去楚王戊的东海郡、赵王遂的常山郡和胶西王印的6个县。

景帝三年(前154)正月,朝廷削地诏书送到吴国。吴王濞当即诛杀来使,以"诛晁错,清君侧"为名,遍告各诸侯国。胶西王刘印、胶东王刘雄渠、淄川王刘贤、济南王刘辟光、楚王刘戊、赵王刘遂也都起兵配合。景帝提升中尉周亚夫为太尉,派他率36位将军及数万士兵迎击吴楚叛军,迅速平定了"七国之乱"。吴王濞兵败逃往东瓯,却被东瓯王杀死了。"七国之乱"后,景帝着手解决诸侯国问题,以加强中央集权。参加叛乱的七国,除保存

传奇刘贺

楚国另立楚王外,其余六国皆被废除。

此后,绝大多数诸侯王国仅领有一郡之地,其实际地位已经降为郡级,王国与郡基本上趋于一致。诸侯王国领郡由高祖时的42郡减为26郡,而中央直辖郡由高祖时的15郡增加至44郡,总数大大超过诸侯王国郡数。这一变化,对于国家统一、加强中央集权,意义重大。

汉武帝掌握大权后,进一步削弱诸侯王的势力。同姓王国原来的地盘大,这些诸侯王小则"淫荒越法",大则谋反,以至害身丧国。武帝采用主父偃之策,推行"推恩令",以法制来推动诸侯王分封诸子为侯,使诸侯王的封地不得不大为缩减。即某一诸侯王的子弟多了,只能在自己的地盘上瓜分食邑以封子弟,如此一来,藩国自然无力对抗中央。如齐国分为七个,即:齐、城阳、济北、济南、淄川、胶西、胶东。赵国分为六个,即:赵、中山、广川、河间、常山、清河。梁国分为五个,即:梁、济川、济东、山阳、济阴。淮南国分为三个,即:淮南、衡山、庐江。"大国不过十余城,小侯不过数十里,上足以奉贡职,下足以供养祭祀。"诸侯国既要向中央王朝进贡,又要花费一大笔开支用于祭祀礼仪,以致"诸侯贫者或乘牛车也"①。

据《汉书》所载诸侯王府的设置为:

诸侯王,高帝初置,金玺盭(lì)绶,掌治其国。有太傅辅

---

① (西汉)司马迁:《史记》卷五十九《五宗世家》第二十九,中华书局1959年版,第2104页。

王,内史治国民,中尉掌武职,丞相统众官,群卿大夫都官如汉朝。景帝中五年令诸侯王不得复治国,天子为置吏,改丞相曰相,省御史大夫、廷尉、少府、宗正、博士官,大夫、谒者、郎诸官长丞皆损其员。武帝改汉内史为京兆尹,中尉为执金吾,郎中令为光禄勋,故王国如故。损其郎中令,秩千石;改太仆曰仆,秩亦千石。[1]

金玺即诸侯王印,有的称玺,有的称印。玺多为涂金,印多为铜质。称玺为武帝元狩四年(前119)以前制度,以后皆称印。绶为绿色的系印丝带。"官如汉朝":汉初诸侯王设置的官属,与中央王朝相同。景帝中元五年(前145)以后,因削藩而下令诸侯王不得再过问国事:"诸侯唯得衣食税租,不与政事。"[2]仅享受租税收入,不得干预国家政事。由朝廷为诸侯国选任官吏,丞相改称相。减省御史大夫、廷尉、少府、宗正、博士官,大夫、谒者、郎中诸官长丞,所属人员也大大减少了。

按照汉制,诸侯王国与郡同级,故史书或称郡国。朝廷为诸侯国王配置相、中尉、郎中令、太傅等,辅佐诸侯王行正道并处理事务,还包括治安等。这些人往往是举孝廉、识诗书的饱学之士。当然,诸侯王也要征辟一些侍从、佐吏来为王国办事,还有

---

① (东汉)班固:《汉书》卷十九上《百官公卿表》第七上,中华书局1962年版,第741页。

② (东汉)班固:《汉书》卷十四《诸侯王表》第二,中华书局1962年版,第395页。

乐人、厨师等一大批仆从。明白了这些,也就知道昌邑国官吏设置情况的大概。

同时,汉武帝设立刺史一职以监察地方,包括王国与侯国。加强中央集权,将冶铁、煮盐、酿酒等私营工商业收归政府管理,禁止诸侯国铸钱,使得财政权也集于中央。

种种措施,都是为了防范诸侯国造反,削弱诸侯势力。所以,武帝之后,再也没有发生过诸侯王以兵力谋乱的事情。

汉景帝中元六年(前144),分梁地置山阳国,封梁孝王之子刘定为王,此后以昌邑城作为王国之都。汉武帝建元五年(前136),梁王刘定薨,其封国一分为五。分梁国东部数县置山阳郡,国都为昌邑县。山阳,在金山的南面,今山东省巨野县境内金山,即属汉山阳郡之山。天汉四年(前97),改山阳郡为昌邑国[①]。刘髆成为第一代昌邑国王。同时撤销山阳郡,原隶属山阳郡的瑕丘、宁阳县改属大河郡,属兖州刺史部。

昌邑国辖今山东巨野、成武、单县、金乡、嘉祥五县之域。国都城在巨野县城南27公里的大谢集镇昌邑集,这是有着丰厚文明积淀的一方沃土。山阳与昌邑这两个地名,其实是同一地方,往往纠缠不清,让人弄不明白。

早在先秦时代,山东这一带即是黄河文明的孕育地之一。夏商时期建立的"甲父国"就在山东巨野昌邑集。《尚书•禹贡》:"大野既潴,东原底平。"意思是说:大野泽已成蓄水之区,东原一

---

①(东汉)班固:《汉书》卷二十八上《地理志》第八上,中华书局1962年版,第1570页。

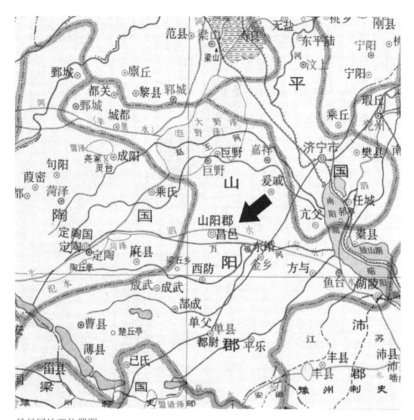

昌邑国地理位置图

（此图出自谭其骧主编《中国历史地图集》：西汉—东郡北海间诸郡）

带获得治理，成为平原，此即东平地名之来历。处于大野泽之南的昌邑地势稍高，平原沃野更适宜人们生存。优越的地理位置奠定了其作为国都的客观条件。

　　春秋战国时期设昌邑，秦时设县。秦二世二年（前208）的"楚汉之战"曾发生于此。西汉初，梁王彭越封地于此，后又在这里反叛高祖。汉高祖十一年（前196），梁王（国都在定陶）彭越被杀。立刘恢为梁王，迁都睢阳（商丘）。"七国之乱"时，刘濞率20

传奇刘贺

万大军西渡淮水,并与楚军会合,组成吴楚联军,随即挥戈西向,杀死数万汉军。梁王刘武派兵迎击,结果梁军大败。

西汉时,昌邑城内已有了自己的冶铁业和专门管理冶铁的官员,是当时全国49处从事铁器生产的地区之一。从1977年出土的1056件文物的禹梁山汉墓随葬物品中可以看出,当时昌邑不仅桑麻遍野,盛产五谷,而且有了比较先进的冶铁工厂。

昌邑古城处在一个盛产五谷的富庶地区的中心,因此就成了当时的经济都会,商业贸易发达。北方的牛马牲畜,南方的丝茶竹器,东方的鱼盐海产,西方的皮革文旄,都可以在昌邑城买到。

由于以后几次大的黄河决口,这座雄伟的昌邑古城便长眠于地下了。

1980年、1982年,菏泽地区文物工作队对该城址进行了两次调查勘探,探明古城址在平面略呈方形,东城墙长1215米,西城墙长1377米,北城墙长1585米,南城墙长1720米。城墙分段版筑,城址上现有前昌邑、后昌邑、侯花园、城角刘四个村庄,这一范围内发现了大量汉代遗物和少量战国遗物,有瓦、小鼻罐、浅盘细柄豆、壶、铜镞、铁柱、弩机、陶井圈、石磨、石槽房屋基址、酿造窑址等。大量的文化遗存,印证了当时的繁荣与文明。1992年,公布昌邑古城址为山东省级重点文物保护单位。

有关刘髆的史料记载不多。天汉四年(前97),刘髆立为昌邑王,来到这块土地上。此年汉武帝派他的舅舅李广利与韩说、公孙敖分道击匈奴。李广利至余吾水(今蒙古国土拉河)遇匈奴单于兵,连战十多日而返回。

刘髆小时候,母亲(即汉武帝宠妃李夫人)就去世了。他分封在昌邑国,共生活了十一年。这块地方虽不算很大,但人口密度大,经济发达,贸易繁昌。他充分利用有利条件,苦心经营着小王国,积累了大量的财富。不仅有来自朝廷给诸侯王的赏赐如马蹄金等,甚至可能有其父皇——汉武帝赐给他这位第五子的财富。母亲李夫人得宠时必定也获得过武帝的恩赐,去世后也将财产遗留给他。昌邑国的手工业发达,这位国主因而积累了大批铜器、漆器,从后来出土的文物,可以见证其制作的精美。从后来张敞向皇帝上奏的报告来看,刘贺被废返回后的王宫里,还曾有其父刘髆留下的十位歌女。

刘髆的妻妾是什么样的情况,由于缺少史料,无法了解,只知为他生有一子四女,儿子即刘贺。

通常的说法,刘贺生于太始四年(前93)。这一出生年份,史无明载,只是在后来山阳郡太守张敞看望他时说过:地节四年(前66)"九月中,臣张敞入视居处状,故王年二十六七"①,由此推算刘贺出生于太始四年(前93)。也就是说,刘髆来到昌邑国第五年,刘贺出生于此地。不过,张敞是从刘贺的模样猜测其年龄,二十六七岁本身是不准确的说法。

刘贺是刘髆唯一的儿子,生下来就得到宠爱,无忧无虑,娇生惯养,家教不严。这一小王国,还有他的祖母、父亲积聚下来

---

① (东汉)班固:《汉书》卷六十三《武五子传》第三十三,中华书局1962年版,第2767页。

传奇刘贺

的财富,他是唯一的无可非议的继承人。无疑,所有的金器、古玩、书籍、艺术品都将留给他。

征和三年(前90),也就是刘髆在昌邑国生活的第八年,李广利(刘髆的舅舅)以及宗室出身的丞相刘屈氂策划拥立昌邑王为太子。这一阴谋被汉武帝识破,杀刘屈氂,捕李广利妻小。李广利出征在外,投降匈奴。刘髆此时在昌邑国,因未直接卷入这一案件而未予以追究,但遭此变故,不仅无望于皇位,反而处于忧患之中。两年后,即后元元年(前88)正月,汉武帝去世的前一年,郁郁不得志的刘髆薨。

刘贺墓出土马蹄金

刘贺墓出土麟趾金

刘髆的生年,史书未载。他母亲李夫人得宠的时间在太初二年(前103)以前的十年间。《资治通鉴》记载,在太初元年,(武帝)"欲侯宠姬李氏,乃拜李夫人

刘贺墓出土铜镜

刘贺墓出土青铜车马器

兄广利为贰师将军"。①如此推算,刘髆最多也就活了三十岁,死因不明。他的去世,在《汉书·武帝纪》中也有记载②,谥哀王,按"谥法":"恭仁短折为哀",即说明他的寿命不长。《汉书》中称他为昌邑哀王,葬禹梁山。

禹梁山在今山东省河泽市巨野县城东南四十五华里处,地处金山以南,金山店子村东。由于墓的封土是红褐色,人称红土山汉墓。1968年春,当地农民在半山腰处采石时发现古墓葬,山东省考古队于1971年秋至1972年春来此进行首次挖掘。该墓工程浩大,是用人工穿凿山岩建造而成的。整体结构严密,有封土层、乱石层、防盗层、墓道堵石、墓门墙、前室、后室等。采用的封门墙石、墓门墙石、墓室顶盖石、防盗窃案石,大小有五百余块。墓的东西长70米,南北宽4.7至7.1米,深6至11.9米,封土

---

①(北宋)司马光:《资治通鉴》卷二十一《汉纪十三》,"武帝太初元年",中华书局1956年版,第700页。

②(东汉)班固:《汉书》卷六《武帝纪》第六,中华书局1962年版,第211页。

10.2米，南北直径50米，东西直径55米，土方工程约一万五千立方米。建造如此宏伟的巨墓，需要大量的人力、物力，如无雄厚的经济实力和很高的政治地位，是难以办到的。

随葬的器物十分丰富，其中铜器526件、铁器405件、陶器29件、玉器43件，加上漆器和其他器物共1051件。其中有玉具剑、七鼎和车马遗物，器物精工，纹饰繁缛。红土山汉墓的整体向人们展示了一幅富丽堂皇的地下王宫，充分显示了昌邑国手工业的发达、工人的创造才能和聪明智慧，但墓室主人的玉印章和朱书字已脱落不辨。

海昏侯刘贺墓出土的"昌邑籍田铜鼎"，上面刻有"昌邑籍田铜鼎　容十斗重卅八斤苐（第）二"15字铭文。"昌邑"无疑是指昌邑国或昌邑王，证明这件青铜鼎属于昌邑王国所有。昌邑王共有两代，第一代是刘髆，在位11年；第二代是刘贺，在位13年。这件青铜鼎应在汉武帝时期由刚刚成为第一代昌邑王的刘髆立国时，按照朝廷规制命人精心铸造的。"籍田"，亦称"藉田"。古代吉礼

青铜鼎铭文拓片

的一种。即孟春正月,春耕之前,天子率诸侯亲自耕田示范性的典礼,称为"藉田礼"。《左传》:"藉田,甸师氏所掌,王载耒耜所耕之田,天子千亩,诸侯百亩。藉之言借也,借民力治之,故谓之藉田。"《汉书·文帝纪》有一皇帝诏:"夫农,天下之本也,其开藉田,朕亲率耕,以给宗庙粢盛。"[①]看来,此鼎是诸侯王用于祭祀的最高礼仪,既是标准的国家级的礼器,也是最为规范的容量器。汉宣帝时期由曾经当过第二代昌邑王的刘贺从山阳郡带到豫章郡海昏侯国。

---

①(东汉)班固:《汉书》卷四《文帝纪》第四,中华书局1962年版,第117页。

四

任性放纵的昌邑王

王吉像

刘髆逝于后元元年（前88），按照汉朝的世袭制，由昌邑哀王之子刘贺嗣位，其时年仅五岁，小小年纪就做了这一王国的老大。父亲不在世，更是缺乏严格的管教。他在封国内往往任性放纵，贪吃好玩，难免会成为一个我行我素的纨绔子弟。那些仆从纵容着他，哄着他，并不时地唆使他出外巡游狩猎，但难得有两位辅佐刘贺的臣子，忠心劝谏。

王吉（？—前48），一作王阳，字子阳，琅琊郡皋虞县人。少年通经博学，以孝廉补授若卢右丞，不久升为云阳县令。汉昭帝时，举贤良，充任昌邑国中尉。

王吉是一位严格要求自己的人。《汉书》中记载:王吉年轻时居长安求学。东家有一棵大枣树,长长的权桠下垂到王吉住的庭院中。王吉的妻子摘取了几颗红枣给王吉吃。王吉后来得知,怒而将妻子赶走了。东家听说后,想砍去此枣树,邻居都来制止砍树,同时一再恳请王吉允许妻子回来。街巷中因而有《长安为王吉语》云:"东家有树,王阳妇去;东家枣完,去妇复还。"可见王吉在平日也是如此砥砺志节的。①

王吉还有个到昌邑国任职时发生的故事。有一天,他身着长衫,来到一家相对清静的酒楼,点了两碟小菜、一壶酒,自斟自饮。醉眼朦胧中,忽然发现邻桌的一位慈祥老者,正微笑着举杯向他示意。老人精神矍铄,目光炯炯,衣衫素净,儒雅亲和。见此,王吉顿生好感,连忙起身请教。两人谈史论经,说古道今。转眼间,一壶酒就见了底。

老者手捋长须,沉吟了一下,又问:"年轻人似有心事?现今是从商,还是为官?"

王吉恭敬地回答:"晚生本是云阳县令,做事一直勤慎,不敢丝毫怠慢,稍有点贤能名。数月前,突然被调到昌邑王府担任中尉,府中人事生疏,官场不清,所以有些烦恼。"

老者眼睛一亮,随即畅怀大笑:"年轻人不必详叙,我全明白了。今天我送你三个字,可以保你从此仕途顺畅。"然后停顿片刻,一字一顿地说:"言—宜—慢!"老者看着王吉,深邃的目光里

---

① (东汉)班固:《汉书》卷七十二《王贡两龚鲍传》第四十二,中华书局1962年版,第3066页。

闪出殷切期待。等王吉回过神来，老者渺然不见。王吉如获至
宝，从此牢记老者教诲，谨言慎行。

王吉曾上疏劝谏刘贺，从这份很长的进言书中即可看出刘
贺行为的不当与王吉的语重心长。书中说：

臣下听说古时候军队平常每日行进三十里，为吉祥事
而行进也只有五十里。《诗经》中说："匪风发兮，匪车揭兮。
顾瞻周道，中心怛兮。"这诗句的意思即是说：疾发飘忽，这
不是古之有道之风；驱马疾驰，这不是古之有道之车。前瞻
后顾，心中伤感。现今大王巡幸到方与县，竟然不到半天就
奔驰两百里路，这么多百姓来为你修路牵马，都因此而荒废
农事。臣下以为，不可过多烦劳百姓。过去召公奭在任时，
正值农事繁忙，就在甘棠树下办公决事。当其时，人人各得
其所，后来人追思他的仁义和恩德，以至于不砍伐甘棠树，
留下来以资纪念。《诗·甘棠》就是歌颂召公的。
大王您现在不好读书学习而喜好游玩，放纵自己，整日
凭靠着车栏杆，驾车驭马，奔驰不停，口舌因怒斥吆喝而倦
怠，手臂因持鞭牵辔而酸痛，身体因车马颠簸而劳顿；清晨
冒着雾露，白天蒙受尘埃；夏天为酷热的暑气所蒸烤，冬天
为刺骨的严寒所侵迫。屡屡以软弱的玉体去承受辛苦劳累
的侵害，这种行为无益于延年益寿，也不利于培养仁义道德
的深厚。在宽敞明亮的大房里，精美华丽的毡毯上，听着德
才兼备的老师谆谆教诲，与勤学好问的学生在一起孜孜苦

读,上论唐、虞之旧事,下及殷、周之盛况,考察仁德圣明之人的风范,学习治国安民的方法,欣然自得,发愤忘食,每日都在不断地完善道德修养,这其中的乐趣愉悦,又岂是驾车驭马、四处闲游所能相比的啊!休息时,俯仰屈伸以活动形体筋络,进出以步代车而行,以锻炼双腿。吐故纳新,以练五脏之气;专心致志,以养精安神。如此养生,难道还能不长寿吗!

大王您若是真正用心,如皇上一样行事,那么就会有尧、舜之志,有仙人伯乔、赤松子一般的寿命;赞美称誉之声鹊起,进而上闻于天子,则福禄齐至而国家安定。当今皇上仁德圣明,先帝晏驾以来,他至今思念景仰不已,从不行幸于宫馆、园池,也不出去钓鱼狩猎。大王您应当昼夜铭记这些,体察圣意。各诸侯骨肉中,没有人比大王您与皇上的关系更加亲近。从亲缘关系上看,大王是子辈,按君臣地位来论,大王是人臣,您一身而兼双重责任啊!倘若施恩行义方面,虽细微而未做到周全,被皇上知道了,对于继承社稷香火,就是大不幸了。请原谅作为臣子的我,愚昧戆直,希望大王明察。[1]

---

[1] (东汉)《汉书》卷七十二《王贡两龚鲍传》第四十二,中华书局1962年版,第3058—3061页。王吉的谏书,在《资治通鉴》卷二十四《汉纪十六》中有所减省,但前面加了一段话:"武帝之丧,贺游猎不止。尝游方与,不半日驰二百里。中尉琅邪王吉上疏谏曰。"武帝丧时,刘贺仅有六岁,不可能出外游猎不止。《汉书》中无"武帝之丧"诸字,则应是《资治通鉴》妄加之失。"游方与"诸语为王吉谏书中语,但《资治通鉴》改变为叙事语言。

这一长篇大论式的谏书，引古喻今，晓之以理，动之以情，既严厉而又婉转。指出国王的种种过失，劝他好好读书，修养身心，向叔父、昭帝刘弗陵学习。词采斐然成章，丝丝入扣。昌邑王刘贺虽然不守正道，但还是知道敬重而礼遇王吉，因此他派部属送去酒肉食物犒劳王吉，并说：

　　　寡人的修养品行，不可能没有懈怠之处。中尉王吉忠心耿耿，多次指正我的过失。现派谒者千秋赐给中尉牛肉五百斤、酒五石、腊肉脯五束。

　　可是在这以后，刘贺故态复萌，放纵如常。王吉每每据理谏争，尽为人辅臣的义务。王吉虽没有直接治理过政事，但郡国之中，没有谁不敬重他的。

　　刘贺的昌邑王府中，还有一位忠言规劝者——龚遂。龚遂字少卿，他是本地人，即山阳郡南平阳县人。因为通晓儒学而出仕，做到了郎中令，侍奉国王刘贺。龚遂为人忠厚，刚毅有节操。他时常向刘贺进忠言直谏，引经据义，痛陈祸福，有时甚至到了落泪的境地，还娓娓而谈。有时在大庭广众面前，指责国王的过错，弄得昌邑王掩耳起身离开，并说："郎中令太会羞辱人了。"他也时常批评昌邑王的左右臣仆，没有帮助国王走正路，而是陷国王于不义，以至同僚都害怕他。

　　率性而为的昌邑王刘贺，经常与驾车马的奴仆和厨房伙夫在一起饮酒作乐，随意赏赐，并没有什么赏罚标准。龚遂进去拜见刘贺时,哭泣着移动膝盖爬行。左右侍从,见此不禁垂泪。昌邑王却好奇地问:"郎中令为何要哭?"龚遂说:"我为社稷危亡而痛惜啊!希望给我一个机会,诉说诉说我的看法。"

昌邑王挥挥手,让侍从回避。堂上只有他与龚遂二人时,龚遂继续恳切地说:"大王知道胶西王因为做了不少无道之事而灭亡的原因吗?"刘贺回答说:"不知道。"

龚遂接着平心静气地说:"我听说胶西王有个谀臣叫侯得,胶西王的所作所为与桀纣一样,而这个侯得却为他捧场,奉承他,说胶西王可以与尧舜相比。胶西王乐意听他的谄谀之辞,甚至与他睡在一起,最后落得个身败名裂的下场。如今大王亲近小人,逐渐沾染了各种恶习,这是存亡的关键所在,您不可不谨慎啊!请允许我选择一些通经术、有品行的侍从郎官与您共处,侍奉平时起居,坐则诵读诗书,站则练习礼仪,应该是大有益处的。"

昌邑王刘贺勉强同意了,龚遂就举荐郎中张安等十人侍奉刘贺的起居生活。起初,刘贺还有些好转,可是过了一段时间,很不自在,他一不高兴,竟然把张安等人全都赶走了。

刘贺在昌邑国时,屡有怪异事情出现。他曾经见到一条大白狗,高三尺,其颈以下似人,头上戴着方山冠,没有尾巴[1]。方

---

[1] (东汉)班固:《汉书》卷六十三《武五子传》第三十三,载此犬"无头",中华书局1962年版,第2766页。《汉书》卷二十七中之上《五行志》第七中之上载此犬"无尾",且云"贺既废数年,宣帝封之为列侯,复有罪,死不得后,又犬祸无尾之效也。"中华书局1962年版,第1367页。《资治通鉴》卷二十四"昭帝元平元年"中考其误:"若颈以下似人而无头,何以辨其为犬,且安所施冠,盖传误也。"

山冠似进贤冠,以五彩縠所制,前高七寸,后高三寸,长八寸。这种方山冠往往是乐师歌舞者所戴。刘贺问龚遂,这是为什么?龚遂回答说:"这是天垂儆戒。天意是说,在您左右尽是戴着冠帽的狗。驱除这些狗,昌邑国的社稷就能存在;如果不驱除,则社稷灭亡就不远啊!"[①]

此后,刘贺又听见有人声在叫"熊",睁眼一看,果真出现一头大熊,但左右臣子都说没有看见什么。刘贺不由得有些害怕,只好又问龚遂,这是为什么。龚遂回答说:"熊本来是生活在山间野地的野兽,却跑到宫室中来。只有大王能看得到,这正是天垂儆戒,恐怕这是宫室将空的危亡迹象啊!"

昌邑王仰天而叹气说:"不祥之物为何屡次来我们这里?"龚遂叩头说:"我不敢隐藏我为臣者的耿耿忠心,所以多次进言危亡之儆戒,大王听了也很不高兴。不过,王国之存亡,难道在于我所说的吗?希望大王记在心上,多加掂量。如果大王诵读《诗》三百零五篇,琢磨通了人事,具备了王道,大王就可以想想看,王之所行,是否符合《诗》中的哪一篇大义呢?大王列居诸侯王之位,行为却比庶人还要污浊,下三烂,如此而能求得王国长盛不衰,那是非常困难的啊!但一个王国的灭亡却极为容易,劝大王应该好好考虑吧!"

---

①(东汉)班固:《汉书》卷六十三《武五子传》第三十三,在记载昌邑王刘贺面前出现的怪事中,还简略记载有大鸟再现,并曰:"语在《五行志》。"中华书局1962年版,第2766页。但《五行志》并无相关记载,故司马光编《资治通鉴》时,删去这条记录。

传奇刘贺

后来,昌邑王刘贺发觉他的王座又被血迹污秽了,不免有些奇怪,有些心虚而紧张,就问龚遂,这是为什么?龚遂听说后,惊叫而号哭说:"宫室将空的时间不远啊!而妖兆屡次出现,这次还出现了血迹,这是阴气凝结的凶象。千万要敬畏谨慎,检查自己。"

昭帝在位时,刘贺曾派一位中大夫前往朝廷进贡。《汉书·五行志》记载了昌邑王刘贺的怪异,翻译成白话是:"昭帝时,昌邑王刘贺派遣中大夫往长安,带了很多侧注冠去。这种侧注冠,形侧立而下注。高九寸,以铁为券。他用来赏赐大臣,又用这种冠戴在奴仆头上。经学家刘向认为'服饰近于怪异,预示天下有变'。当时昌邑王刘贺非常狂悖,听说天子身体不舒服,但仍牵狗打猎,飞奔如故,与掌管车马的仆隶、伙夫混在一起游戏娱乐,骄傲不敬。冠帽本是尊贵,奴仆是贱人。刘贺喜好制作非常之冠,显示其尊贵之象。却拿去戴在奴仆头上,必当从至尊跌落到至贱的境地。"[1]

《汉书·五行志》中还记载:

> 昭帝时有鹈鹕,或曰秃鹙,集昌邑王殿下,王使人射杀之。刘向以为水鸟色青,青祥也。时王驰骋无度,慢侮大臣,不敬至尊,有服妖之象,故青祥见也。野鸟入处,宫室将

---

①(东汉)班固:《汉书》卷二十七中之上《五行志》第七中之上,中华书局1962年版,第1366—1367页。

空。王不寤，卒以亡。[1]

鹈鹕(tí hú)亦名伽蓝鸟，有的称为秃鹙。昌邑王宫殿下出现了鹈鹕，刘贺命人射杀它。学者刘向认为这种水鸟的鸟背青色，羽毛多白色，翼大而阔，趾间有蹼，是青祥的象征。当时昌邑王游玩无节制，侮辱并怠慢朝中大臣，不尊敬当今皇上。而鹈鹕进入王府，说明宫室将空旷无人，可是昌邑王刘贺并没有醒悟，最终等待的必定是亡国了。

《汉书》作者班固，必定也是非常相信阴阳五行之说，在他的《五行志》中引述大量的儒家经传和史事，议论五行(水、火、土、金、木)现象，反映了政治得失；帝王五事(貌、言、视、听、思)表现，关系到政事因果，影响到自然灾异；天象(日、月、星辰、陨石)变化与政治变革相应，说明"天人相与之际"有神秘关系。《易》中所说"天垂象，见吉凶"，《五行志》通篇都在阐明此意。班固还多次引用刘向的话语。刘向是当时的著名经学家，为汉宣帝所器重。《汉书》中的《天文志》与《五行志》中还特别介绍了天人感应之说与这一路的经学家：

> 汉兴，承秦灭学之后，景、武之世，董仲舒治《公羊春秋》，始推阴阳，为儒者宗。宣、元之后，刘向治《穀梁春秋》，数其祸福，传以《洪范》，与仲舒错。至向子歆治《左氏传》，

---

①(东汉)班固：《汉书》卷二十七中之下《五行志》第七中之下，中华书局1962年版，第1416页。

传奇刘贺

其《春秋》意亦已乖矣;言《五行传》,又颇不同。[1]

刘向研究《穀梁春秋》,特别注重其中的祸福报应。他为《洪范》作《洪范五行传》,也是发挥阴阳五行之说。其说与董仲舒之说相互补充,交错而行。

汉朝重天人感应之说,源于《尚书·洪范》。从人身为一小宇宙的观点出发,认为天与人相互感应,天能干预人事,人亦能感应上天。汉朝人认为天子或诸王、重臣违背了天意,天就会出现灾异进行警告。《汉书》中记载与昌邑王刘贺相关的天象与怪异现象甚多,毫无科学依据,只是说明当时的人有意以这些不祥现象来警戒贵为昌邑王乃至后来为皇帝的刘贺,同时也说明刘贺是违背天意者。刘贺是一位失败者,所以由后来者书写了种种怪异迹象,堆垛在他身上。再看《汉书·五行志》中有关汉昭帝刘弗陵与昌邑王刘贺的一则异象预兆之说:

> 昭帝时,上林苑中大柳树断仆地,一朝起立,生枝叶,有虫食其叶,成文字,曰"公孙病已立"。又昌邑王国社有枯树复生枝叶。睢孟以为木阴类,下民象,当有故废之家公孙氏从民间受命为天子者。昭帝富于春秋,霍光秉政,以孟妖言,诛之。后昭帝崩,无子。征昌邑王贺嗣位,狂乱失道,光废之,更立昭帝兄卫太子之孙,是为宣帝。帝本名病已。京房《易

---

[1]（东汉）班固:《汉书》卷二十七上《五行志》第七上,中华书局1962年版,第1317页。

传》曰:"枯杨生稊,枯木复生,人君亡子。"①

　　这里是说,汉昭帝时,上林苑中的大柳树出现了断折并倒地、然又起立并生长出新枝叶的异象。断树预兆昭帝无子。新生的枝叶上被虫噬有"公孙病已立"字样。"病已"即后来的汉宣帝刘病已,为太子刘据之孙,后改名刘询。昌邑王国社庙有枯树再生枝叶,这也预兆昌邑王刘贺将为帝。文中提到的预言家睦孟,即睦弘,字孟,鲁国人,以明经为议郎,后为符节令。他认为柳树属阴类,乃下民之象。现在僵柳又活过来,非人力所为,当有从民间出而为天子者。应到民间寻找公孙氏之贤人,禅以帝位,承顺天命。他将这封书信托在朝廷中的友人呈交秉政的霍光。霍光极为厌恶,交廷尉审查,结果睦孟以"祅言惑众,大逆不道"的罪名被杀。

　　从班固撰写的《汉书》来看,刘贺并未因种种警戒迹象而改变邪行,依然我行我素,与一些仆从嬉戏无度,彻头彻尾是一个混世虫,是一个负面的形象。现在看来,刘贺这样的王公哥儿,与他的叔叔刘旦、刘胥相比,并无政治野心,更无治国平天下的政治理想,后来居然还能被选入宫中被立为帝,是不期而遇的机缘、时运,是天上掉下一个大馅饼送给他。但是从海昏侯墓中出土文物来看,少年时代的刘贺,并非如《汉书》所说,是完全不读诗书、不习礼仪的人,至少可以推测出他对儒家学说、对圣贤孔

---

　　①(东汉)班固:《汉书》卷二十七中之下《五行志》第七中之下,中华书局1962年版,第1412页。

传奇刘贺

写有孔子生平介绍的"孔子徒人图漆衣镜'出土场景

子还是有几份敬崇。如今海昏侯墓出土有竹书《论语·知道》篇，是早已失传的齐《论语》本①，这即是刘贺读过儒家经典的明证。还出土绘有孔子图像及生平介绍文字的屏风，这些都是从昌邑国带往南方的。

墓中还出土一架琴瑟，写有"二十五弦瑟""昌邑十年"制作的题记，这是目前罕见有文字标识的汉代乐器。说起来，瑟安置二十五弦，与刘贺祖母的哥哥李延年有关。汉朝在灭南越之后，"嬖臣李延年以好音见。上善之，下公卿议，曰：'民间祠有鼓舞

---

①《论语》在古代有《古论》《鲁论》和《齐论》三个版本，流传后世至今的《论语》是以《鲁论》《古论》形成的版本，汉魏时齐本《论语》已失传。齐本较存世本多两篇：《知道》《问王》。海昏侯墓中发现《知道》篇，释读出来即是失传1800年的《齐论》，这在整个中国学术界是一个非常重大的发现。

漆瑟禁铭文

乐,今郊祀而无乐,岂称乎?'公卿曰:'古者祠天地皆有乐,而神祇可得而礼。'或曰:'泰帝使素女鼓五十弦瑟,悲,帝禁不止,故破其瑟为二十五弦。'于是塞南越,祷祠泰一、后土,始用乐舞,益召歌儿,作二十五弦及空侯瑟自此起。"[1]祈祷泰一神、后土开始用乐舞,召歌女伴舞,改五十弦为二十五弦,即自此时开始。唐代李商隐《锦瑟》:"锦瑟无端五十弦,一弦一柱思华年。"从侧面印证瑟原是五十弦。泰一神又称太一神、东皇太一,是中国传统神话中的天神。"太一"最初是老子开创的哲学概念,用以阐释物体形之大者和时间之最初者,被视为宇宙之本体和万物之起源。后被赋予神的至上性和绝对性,最先在《楚辞·九歌·东皇太一》中出现东皇太一的祭祀。汉武帝更是将太一神崇拜推向极致,元光二年(前133年)起,天子在春秋时期在东南郊祭太一神。元封二年(前109年),汉武帝设立东皇

---

①(东汉)班固:《汉书》卷二十五上《郊祀志》第五上,中华书局1962年版,第1232页。

太一祠。此瑟也有可能
就是李延年所制作的，
并能应用于泰一神的乐
舞。刘贺家乃音乐世
家，热衷于此，也是情理
中事。

昌邑九年漆器

海昏侯墓还出土了
大量精美漆器，写有"昌
邑二年造""昌邑九年
造""昌邑十一年造"等
文字，留下"昌邑年"字
样应是两代昌邑王时期
所制作的，而有"元康
年"字样的是刘贺被废

嵌金片漆笥

后回到昌邑在宣帝时期所制作的。还有一件长方形的漆笥，漆
笥上用金箔勾勒出的纹饰非常精美，有人物图、狩猎图以及动物
图案。漆笥里外都运用了髹漆工艺，包鈕银边，嵌有金饰纹样。
可见当时设计者的审美情趣和精巧的制作工艺。

海昏侯墓出土的海昏侯墓出土了不少褭蹏金、麟趾金、饼
金、钣金。褭蹏金因形似马蹄，俗称马蹄金。有的马蹄金还镶有
琉璃；有如脸盆底一般大的玉璧；还有大量的铜鼎、青铜镜，精致
美观。车马陪葬坑出土了雕刻精美纹饰鎏金饰件、错银青铜车
马器，与《后汉书·舆服志》所载"龙首衔轭"的"王青盖车"相似，

制作工艺高超，都应是在北方的昌邑国一带制造的。后来这些珍贵物品随着刘贺的马车队伍而来到南方的海昏国。

　　刘贺墓北藏椁五铢钱堆积如山，高约 1.3 米，一串串整齐码放，相当一部分钱串系有封检，铃有"昌邑令印"封泥，木匣上有墨书文字"海昏侯家钱五千"。共出土五铢钱 10 余吨、约 500 万枚。

五珠钱与钱库发掘现场

传奇刘贺

五

前往长安途中得意妄为

元平元年(前74)四月十七日,汉昭帝刘弗陵驾崩于未央宫,年仅二十一岁,谥号孝昭皇帝,他没有留下后嗣。

　　此时,汉武帝诸子中,长子刘据已死于非命。第三子刘旦(?—前80),武帝的李姬所生,元狩六年(前117)被立为燕王。其有辩才策略,博学经书杂说,好星历、数术、倡优、射猎并广召游士。太子刘据死,他上书请求入京师,欲为太子,被削减三县。武帝崩,汉昭帝即位,他与宗室刘长、刘泽及大臣上官桀、桑弘羊等谋划夺取帝位,失败而自杀。廷议将刘旦谥曰刺王,实寓贬义,按"谥法":"愎艰遂过曰刺。"故史称燕刺王。还有次子齐王刘闳,但十七岁即逝。

　　与乃兄燕王刘旦同样,第四子广陵王刘胥也对帝位有觊觎之心。作为汉武帝的亲生儿子,他也是有资格继承皇位的。汉武帝在世时,对皇位的继承人有绝对的决定权,但他并不喜欢刘旦、刘胥这两个儿子。刘旦学术过杂,且曾图谋不轨;刘胥"好倡乐逸游,力扛鼎,空手搏熊彘猛兽",他身材壮大,力能扛鼎,却喜欢与倡乐舞伎混在一起游耍。在智商与见识上，刘旦似乎略胜一筹。刘胥只能算一个骄奢淫逸的莽汉，能以空手与狗熊野猪角力，未必就能当皇帝。武帝不让他嗣位，而是要将刘弗陵托孤给霍光，亦是无奈之举。而当他驾崩后，有血缘关系的子孙中谁能嗣位，则由朝中权臣霍光根据自身政治利益做出选择。

早在昭帝初立时的始元元年（前86）二月，汉昭帝加封广陵王刘胥食邑一万三千户。元凤五年（前76）正月，刘胥进京朝拜汉昭帝时，汉昭帝又加封刘胥食邑一万户，赐钱二千万、黄金二千斤，赐宝剑两柄，并赐"安车驷马"，即安车一辆、乘马四匹，恩渥不可谓不重，因刘胥乃同父异母兄弟，血缘最近，所以不断地给他增封邑户，赏赐金钱。尽管少年天子如此厚待他，但当昭帝后来并无子嗣时，刘胥便产生了觊觎帝位之心，希望当朝天子快点死去。广陵在楚地，习俗崇巫信鬼，刘胥请来一位女巫，姓李名女须，要她向天帝请求，降神下界作祝文诅咒。女须作法时哭泣着说："孝武帝的灵魂附体于我。"周围的人听到后，一齐匍匐在地。女须说："我一定要让刘胥作天子。"刘胥大喜，赐给女须不少钱，让她到巫山祈祷咒诅。汉昭帝突然驾崩，刘胥幸灾乐祸，以为是女巫祈祷灵验，说："女须真是一位良巫啊！"于是杀牛庆祝祈祷灵验，还做着继位的美梦。

昭帝丧礼的举行，迫在眉睫。大将军霍光与众位大臣商议立谁为帝时，大臣们也大多主张立广陵王刘胥为帝。但刘胥行为多不合法度，霍光担心以后控制不了他，因此踌躇难定，坐卧不安。

这时有位郎官上书说："周太王废除太伯,立了王季。周文王舍伯邑考而立武王,伯邑考是文王的长子。唯在所适宜,虽废长而立年少者,也是可以的。广陵王刘胥绝对不能够承继宗嗣。"周太伯是王季之兄,伯邑考是周文王的长子,都未因年长而承大位。这位郎官的一番言论大合霍光的心意。霍光将他的书信给丞相杨敞等人看过,征求众臣意见,并提拔这位郎官为九江太守。郎官是守卫门户、出充车骑的小官,往往是孝廉出身,只不过因迎合了霍光的心意,便马上越级提拔为一方郡守。九江郡治在寿春邑(今安徽寿县),属扬州。对此,众大臣自然明白霍光的主见。

既然在汉武帝的第二代中无合适者能够继位,只有在第三代中物色人选。经众人商议,最后由霍光首肯,挑选年仅十九岁的昌邑王刘贺来继承皇位,并迎他速来长安主持汉昭帝的丧礼。当天,大将军霍光即授意昭帝的遗孀、上官皇后颁诏,郑重其事地盖上了红泥玺印,书曰:

制诏昌邑王:使行大鸿胪事①少府乐成,宗正②德、光禄

①大鸿胪:古代朝廷掌管诸侯及少数民族事务者,为九卿之一。汉初名典客,景帝中元六年(前144)改名大行令,武帝太初元年(前104)改名大鸿胪。掌管诸王入朝、郡国上计、封拜诸侯及少数民族首领等,多与礼仪有关。
②宗正:秦至东晋朝廷掌管皇帝亲族或外戚勋贵等有关事务之官。

大夫^①吉、中郎将^②利汉,征
王乘七乘传诣长安邸。

按照汉朝制度,迎立地方
上的诸侯王应该派大鸿胪
去。当时大鸿胪是韦贤,以前
昌邑王到长安来朝贡,就是由
他负责接待的,但在这一次,
霍光另以史乐成代理大鸿胪,
是因为史乐成是霍光的心腹,
应该是便于他指挥如意、便于

雁鱼铜灯

察看刘贺的缘故。同往的三位是宗正刘德、光禄大夫邴吉、中郎
将利汉,也都是朝廷中的重臣。他们一道出函谷关东行,迎接昌
邑王刘贺,乘七乘传^③来长安城。这样的规格,较之当年从代国
迎接汉文帝的规格更高,文帝是用六组传车驿马的车队接来
的。依照这份诏书所说:当他们到达长安后,须先入住昌邑王在
长安的王邸,等候皇太后的诏令。

当朝廷派来的使臣一路急驰来到昌邑国都时,马蹄声声,踏
碎了夜半的沉寂。门役急报主人,刘贺连忙起床,还来不及装束

①光禄大夫:为君主近臣,依君主诏命行事。战国时代置中大夫,汉武帝
时始改为光禄大夫,秩比二千石,掌顾问应对,隶于光禄勋。
②中郎将:秦置中郎,至西汉分五官、左、右中郎署,各置中郎将以统领皇
帝的侍卫,属光禄勋。
③乘传:乘坐传车驿马。

打扮整齐,就急忙出王府门迎接恭候。王府中的官员,也全都闻声过来了,连忙安排使臣住宿安顿妥当。夜漏还未滴尽一刻①,刘贺便急不可耐,叫仆人点亮雁鱼铜灯,从上到下,仔细端详起盖上了玉玺印的诏书后,不禁喜上眉梢。整个大堂也燃起了火把,一时灯火通明。

中尉王吉也早早从居室出来,在大堂中看到一大群仆从围绕着昌邑王,有的在耳语,有的在手舞足蹈,昌邑王得意扬扬的神情更是失态。王吉的心在微微颤抖,回到住室,抑制住心头的不快,委婉措辞上书,翻译成白话如下:

> 大王您因丧事被征召,应日夜悲哀哭泣,千万不要有什么不当的举动。况且,岂止丧事应该如此,大凡南面而王者,无论做什么,都能举止适当。苍天不言不语,四季仍依时更迭;世间百物,照样生长,希望大王明察物象,顺应天意。②

写罢,他大步走到大堂上,斥责那些仆人,不要胡闹,然后递上这块简牍。昌邑王刘贺正处于精神亢奋的状态,稍看了一眼,

---

①漏刻是古代一种计时工具,由漏壶和标尺两部分构成。漏壶用于泄水或盛水,前者称泄水型漏壶,后者称受水型漏壶。标尺用于标记时刻,使用时置于壶中,随壶内水位变化而上下运动。一天一百刻,即每刻14.4分钟,也用于形容时间短暂。

②(东汉)班固:《汉书》卷七十二《王贡两龚鲍传》第四十二,中华书局1962年版,第3061页。

又看到王吉生气的神情，眉头一皱，大声吆喝众人安静，吩咐连夜整理行装，忙忙碌碌，直至次日上午准备停顿，方定下心来。

中午，二百余人饱餐一顿后，就欢天喜地牵马驾车，列队上了驿道，浩浩荡荡向着西方出发了。晴空万里无云，午后的太阳直射在平原大地上，炎热非常。刘贺内心更为火急火燎，他频频下令挥鞭催马，驿路上尘土飞扬。马车队中，仆从们的马一匹接一匹相继累倒在地。为了赶路，刘贺不肯休息片刻，不到三个时辰，就奔跑了一百三十五里，到了下午晡时①，赶到定陶②才停宿下来。

晚间，焦急的王吉在他下榻的房中徘徊良久后，伏案奋笔疾书，又一次恳切上书劝戒昌邑王刘贺，翻译成白话如下：

　　臣下听说商朝武丁居丧时住在阴暗的房屋里，三年都不说什么话。③现在大王因先皇丧事而应征至长安，应当日夜哭泣悲哀而已，谨慎小心，千万不要表现出兴奋的神态！大将军霍光，其仁爱、勇智、忠信的品行，天下谁人不知，谁人不晓。他侍奉汉孝武皇帝二十多年来，从未听说有过什么过

---

①晡时：相当于下午的三时到五时之间。

②定陶：县名，济阴郡治所在地，在今山东定陶区西北。

③此言出自《礼记·丧服四制》：《书》曰：'高宗谅闇，三年不言。'善之也。"郑玄注："闇，谓庐也。"《论语·宪问》引作"谅阴"。即谓居丧时所住的房子。《文选·闲居赋》："今天子谅闇之际，领太傅主簿。"李善注："谅闇，今谓凶庐里寒凉幽闇之处，故曰谅闇。"《史记·殷本纪》记载，殷高宗武丁，"三年不言，政事决于冢宰。"

失。所以先帝放弃群臣之际，以天下重任相嘱咐，以幼孤之子相寄托。大将军霍光在襁褓包裹之中抱持着幼君，推行政令，施行教化，海内承平，即使是周公、伊尹①的英明，也没有超过他。现在昭帝驾崩，没有后嗣，大将军只是考虑谁才能够敬奉宗庙，所以援引而立大王为帝，其仁厚岂有限量啊！臣下希望大王侍奉大将军，敬重大将军，一切政事都听从他的安排。大王垂衣拱手，向南面称君而已。唯愿时时留心于此，切记！②

王吉的这番话，援古论今，委婉恳切，申明利害。还有郎中令龚遂，也劝谏刘贺，不可操之过急。刘贺很不愉快，便让一些身体弱的郎官、谒者十余人返回昌邑。

当时从昌邑国往京城长安的驿道是一条东西向的要道，宽阔而结实。平坦之处，道宽五十步，隔三丈栽一棵树，道两旁用铁锥夯筑厚实，道旁还植有青松。秦始皇一统天下后，以咸阳为中心，通往东西南北："为驰道于天下，东穷燕、齐，南极吴、楚，江湖之上，濒海之观毕至。道广五十步，三丈而树，厚筑其外，隐以

①周公，姬姓名旦，周文王姬昌第四子，周武王姬发弟。摄政七年，完善宗法制度、分封制、嫡长子继承法和井田制。七年后归政成王，确立了周王朝嫡长子继承制。伊尹名挚，商初人，被商汤封官为尹，故名伊尹。商汤死后，伊尹历经外丙、仲壬，又作汤王长孙太甲的师保。与诸大臣代为执政，史称共和执政。太甲被安置在成汤墓葬之地桐宫，深刻反省三年，改恶从善，伊尹便到桐宫迎接他，自己仍当太甲辅佐。

②王吉的这番话见于《资治通鉴》卷二十四《汉纪十六》，中华书局1956年版，第778页。

传奇刘贺

金椎,树以青松。为驰道之丽至于此,使其后世曾不得邪径而托
足焉。"①所以骏马坚车奔驰在这条"国道"上,速度还是很快的。

　　到了济阳县②,昌邑王刘贺命令仆从,捕获了一只长鸣鸡③,
以为这样将招引吉祥。途中,又买了以多根竹枝缠绑在一起的
积竹杖,如矛稍状,在车上晃动起来,更有威仪。经过弘农县④城
时,有不少人围观车队。这时,刘贺也从帷帐中伸出头来打量,
看到其中一位美貌少女,顿时眼前一亮,迅即派一位名叫善的奴
仆总管下车。身高体健的总管,犹如鹰抓小鸡般,强行将女子装
载在帷车里,立即开车,扬长而去。

　　车马一路奔驰到了湖县⑤,朝廷派来迎接的使者见状,责备

----

　　①(东汉)班固:《汉书》卷五十一《贾邹枚路传》第二十一,中华书局1962
年版,第2328页。
　　②济阳县:属陈留郡。胡三省注《资治通鉴》卷二十四《汉纪十六》引唐杜
佑曰:"故城在曹州冤句县西南。"今河南兰考县东北。
　　③长鸣鸡:《资治通鉴》卷十二四《汉纪十六》胡三省注引颜师古曰:"鸡之
鸣声长者也。"范成大曰:"长鸣鸡自南诏诸蛮来,形矮而大,鸣声圆长,一鸣半
刻,终日啼号不绝。"
　　④弘农县:在今河南灵宝市东北。
　　⑤湖县:在今河南灵宝市西。

昌邑相安乐，为何未能制止刘贺的非礼行为？安乐将此事告诉了龚遂。龚遂很是忧愤，不顾仆人的拦阻，闯入刘贺住处，质问他是否真有此事，其时这位名叫善的奴仆总管也在场。刘贺很不情愿地起身，悻悻地否认说："哪有此事！"

龚遂怒不可遏，大声说道："即使没有，何必为爱护一个善而毁坏了大王的前程！请立即逮捕善，以洗刷大王的名声。"当即揪住了善这个家伙，嘱咐卫士长①立即将其法办。

昌邑王刘贺一行人到了距长安不远的东郊霸上，车队的行进开始迟缓了。正是午后，杨柳枝叶被火热的太阳晒得蔫蔫无力地低垂着。

霸上是汉都城东门的屯兵重地，因在霸水西高原上得名；又因邻近灞水，也称之为"灞上"。昔日汉高祖刘邦（时为沛公）屯兵霸上，与项羽大军对峙，后在此上演了一场斗智斗勇的鸿门宴。至此必须通过一座灞桥，此桥居于关中交通要冲，连接着长安东边的各主要交通干线。南宋程大昌所编《雍录》曰："此地最为长安冲要，凡自西东两方而入出峣、潼两关者，路必由之。"

此时，大鸿胪先到一步，在此列队迎候。待接到车队后，宫中派来的驸奉②驾乘着舆车赶了过来，请昌邑王刘贺坐了上去。但刘贺并不信任朝廷派来的驸奉，挥挥手，示意其走开。派他的昌邑国太仆寿成接替驸奉，坐到前座驾车，郎中令龚遂陪乘。

从昌邑王刘贺的这些得意扬扬、肆意妄为的举动来看，他对

---

①卫士长：主护卫之官。
②驸奉：驾驭车马的司仪官。

传奇刘贺

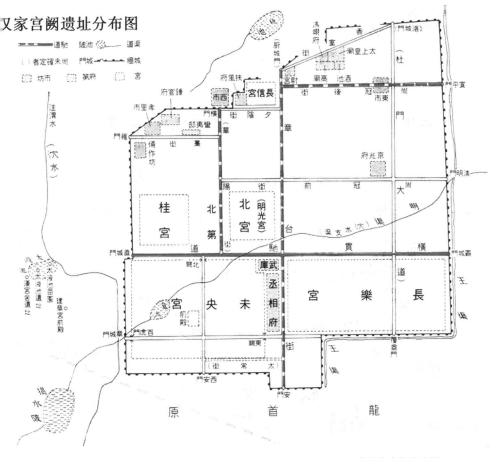

汉代长安宫阙分布图

权臣当道的局面下做皇帝的危险性缺乏清楚的认识。而此前汉文帝刘恒在代国（今山西北部），接到前来迎接其为王的使者时，就有诸多忧虑。《汉书》中记载：

> 大臣遂使人迎代王。郎中令张武等议，皆曰："汉大臣皆故高帝时将，习兵事，多谋诈，其属意非止此也，特畏高

未央宫复原图

帝、吕太后威耳。今已诛诸吕，新喋血京师，以迎大王为名，实不可信，愿称疾无往，以观其变。"①

　　刘恒手下诸臣认为在翦灭诸吕之后的未央宫，形势莫测，迎立之事，不可轻信。后来在中尉宋昌的劝告下，刘恒命令宋昌陪乘，张武等六人乘六乘传前往长安。至高陵而止步，"而使宋昌先之长安观变"。派宋昌先到长安城，看看有无异动，谨慎如此。宋昌到了渭桥，丞相以下都在迎接。宋昌回来报告代王，代王才继续前行。闻代王进至渭桥，群臣拜谒称臣，代王下拜。太尉周勃进言说："希望屏退左右人以谈话。"宋昌说："如果所言是公事，就在公开场合上说；如果所说的是私事，王者无私事。"太尉周勃这才跪着奉上天子玺。

　　两人同是从地方上的王国被迎入长安为帝，一在灞上，一在渭桥，表现大不相同，似已预兆两人的结局也大不相同。

<hr />

①(东汉)班固：《汉书》卷四《文帝纪》第四，中华书局1962年版，第105—106页。

传奇刘贺

前面是大汉王朝的中心——长安城。撰写《汉书》的大史家班固亦是著名的赋家,他的《西都赋》将长安城的壮丽极有层次地展现出来:

> 左据函谷、二崤之阻,表以太华、终南之山;右界褒斜、陇首之险,带以洪河、泾渭之川。……图皇基于亿载,度宏规而大起。肇自高而终平,世增饰以崇丽。历十二之延祚,故穷泰而极侈。建金城其万雉,呀周池而成渊。披三条之广路,立十二之通门。长安街衢洞达,闾阎且千。九市开场,货别隧分。人不得顾,车不得旋。阗城溢郭,旁流百廛。红尘四合,烟云相连……

从这段典赡而又真实的描绘,即可知长安地理位置之优越,城池之坚固,城内街衢之通达,市场之繁华,人口之众多。

长安城郊的驰道,其"中道"严禁其他车马驶入。昌邑王一行车马驰来,至此愈加神情亢奋,渐行渐近雄伟的长安城。走到广明①东都门②附近,龚遂神情庄重地劝告他说:"依照礼制,奔丧望见国都,就应哭泣而行,现在已到了长安东郭门。"但昌邑王扭转头,对着他不高兴地说:"我咽喉疼痛,不能哭。"

舆车到了城门,龚遂又劝他凭轼而哭。昌邑王很不情愿地

---

① 广明:苑名,在长安东都门外。
② 东都门:王先谦《汉书注》引《黄图》云:"长安城东出北头第一门,曰宣平门,民间谓东都门。其郭门亦曰东都。"

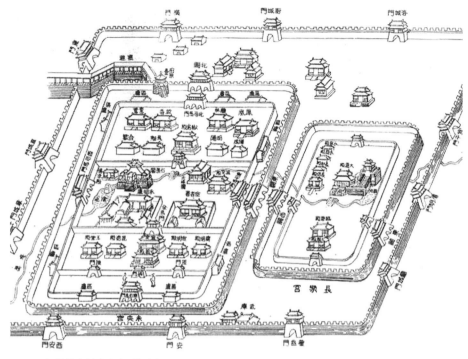

汉代长安城未央宫、长乐宫

说："城门不过是与郭门一样罢了。"

汉长安城城内面积有36平方公里，约是当时罗马城的三倍。城中部、南部为宫殿、官署和贵族官僚生活区；城西北的东西九市，为工商业区；北边为一般居民区。城周围总长32.5公里。

《三辅黄图》载："长安城面三门，四面十二门，皆通达九逵，以相经纬。衢路平正，可并行车轨十二。门三途洞辟，隐以金椎，周以林木。左右出入，为往来之径；行者升降，有上下之别。"[1]一个城门开三个门洞，则一条街分三道行驶。中间一条称

——————

①《三辅黄图校注》卷一《都城十二门》引《三辅决录》，三秦出版社2006年版。

传奇刘贺

"中道"或"御道",专供皇帝的车驾行驶,未经皇帝特许,他人车马不许进入"中道"。但这次不同,他们奉太后诏书迎来的是未来的皇帝,走的是这条中道,旁人不得进入。正当国丧之日,城中无喧嚣之声。

舆车过了城门,长安城内有"八街(南北向)九陌(东西向)"。车队走在东西向的大街上,向城西南的未央宫驰去。

未央宫在稍高的龙首原处。汉高祖七年(前200),由萧何监造,因在长安城安门大街之西,又称西宫。未央宫是整个西汉长安城规模最大的宫殿建筑群,庄严巍峨。这是权力的中心,多少国家大政、重要决策皆出自于此。且不妨再看看班固笔下的《西都赋》对未央宫是如何描绘的:

其宫室也,体象乎天地,经纬乎阴阳。据坤灵之正位,仿太紫之圆方。树中天之华阙,丰冠山之朱堂。因瑰材而究奇,抗应龙之虹梁。列棼橑以布翼,荷栋桴而高骧。雕玉瑱以居楹,裁金璧以饰珰。发五色之渥彩,光焰朗以景彰。于是左城右平,重轩三阶。闺房周通,门闼洞开。列钟虡于中庭,立金人于端闱。……金华玉堂,白虎麒麟。区宇若兹,不可殚论。增盘崔嵬,登降炤烂。殊形诡制,每各异观。乘茵步辇,惟所息宴。后宫则有掖庭椒房,后妃之室。合欢增城,安处常宁。茝若椒风,披香发越。兰林蕙草,鸳鸾飞翔之列。……于是玄墀扣砌,玉阶彤庭。碝磩彩致,琳珉青荧。珊瑚碧树,周阿而生。红罗飒缤,绮组缤纷。精曜华烛,俯仰如神。后宫之号,十有四位。窈窕繁华,更盛迭贵。处乎斯列者,盖以百数。左右庭中,朝堂百寮之位。萧曹魏邴,谋谟乎其上。佐命则垂统,辅翼则成化。①

宫殿建置,得天地之正位,规模宏伟,结构精巧,装饰华美,周围花木森森,鸾鸟飞翔。后宫则有掖庭椒房,嫔妃佳丽如云。朝堂上,向来有萧何、曹参、魏相、邴吉这样的贤相重臣,辅佐皇上,筹谋划策,以垂帝统、以成教化,愈见得未央宫中的决策,实乃关系到一国之安危。

一行车马临近未央宫,行进速度放慢了。昌邑王刘贺愈加兴奋,惊奇得眼睛都睁大了,他不仅看到了眼前宫殿的金碧辉煌,更仿佛见到一队队宛如仙娥般的宫女,想到自己即将继承大统登皇位,竟然得意起来,忘乎所以,嘴巴也张大了,几乎有腾云驾雾的感觉。他可以说是一个率真的人,全无机心,也无手腕,更不知掩饰自己的快意。可悲的是,他在庙堂无半点根基,当年祖母兄弟李广利、李延年的光耀早已灰飞烟灭了。可是,他对朝廷中的形势缺乏了解,甚至是茫然无知;更不用说即将面临握有重权的霍光,是否有诚意辅佐他。也许,前面是险象四伏,他没有想到要如何做好他扮演的皇帝角色,如何施展他的谋略,笼络朝中老臣。

当舆车驶近未央宫的东阙门时,龚遂急忙拦住车马,大声

---

① (梁)萧统:《文选》,上海古籍出版社1986年版,第11—14页。

传奇刘贺

说:"为昌邑王布置的吊丧帐①就安排在这宫阙门外的驰道之北，离吊丧帐不远处即有南北方向的人行道,马行不过数步。大王应当立即下车,向着宫阙西面匍匐于地,放声哭泣,尽情哀伤。"

昌邑王这才勉强同意了,待到了门前,他按照丧仪装模作样,拜伏在地,假惺惺地哭了一会儿,然后与出门而来的大将军霍光、丞相杨敞会面行礼。再掉转头来,驱车来到长安城中的昌邑王宅②中住下。其时夕阳转为血红色,逐渐被大块的云层遮没,天色渐渐暗了。

①丧帐:临时设置的祭奠帐篷,以便遮风避雨。
②当时分封各地的诸侯王在京城也建有居宅,类似后世的驻京办事处。

刘贺墓编纽钟复原

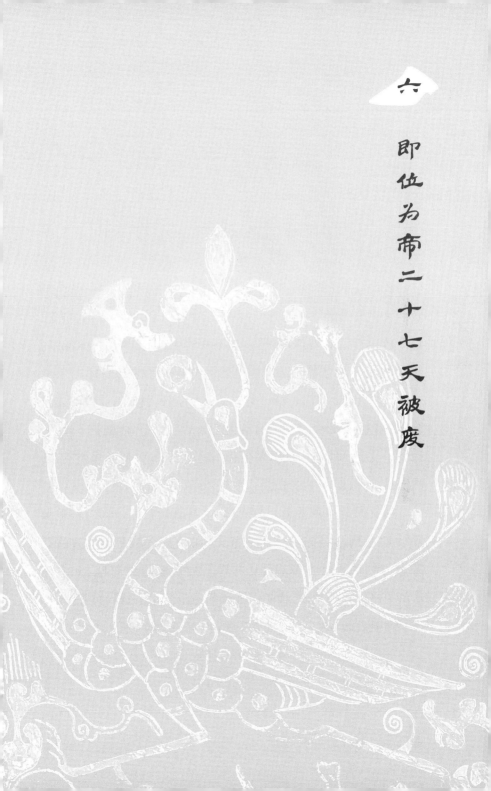

六

即位为帝二十七天被废

按照礼制,昌邑王刘贺的第一步,先被立为皇太子,成为昭帝名义上的继子。在这几天,刘贺应守丧尽哀、素食寡欲,但是,这个放纵惯了的刘贺,居然完全不知约束自己,置丧礼于脑后,嫌素食无味,私下派人去城中集市上采购荤食,滋补身体。

元平元年(前74)六月一日,刘贺在昭帝灵柩前,接受皇帝玺绶,袭尊号,尊昭帝皇后上官氏为皇太后。可是,他又犯了过失,接受了代表国家权力的皇帝信玺与行玺,在打开匣盖看过后,居然未再盖上,就草率地放进了锦袋中。

刘贺的第一项要务,是在前殿主持昭帝丧礼,奏哀乐,迎候各级文武诸臣、各路诸侯王前来灵柩前俯拜吊丧。这一过程共需要六天,也不乏辛苦。可是刘贺在夜间,竟与带来的二百多位昌邑国臣仆嬉戏无度,还擅自取来乐府乐器,让原昌邑国的乐工击鼓弹唱。这些举动,都被朝中老臣看在眼里,气在心头。

汉朝以孝治天下,皇帝是孝的楷范,地方长官有举孝廉的责任。对于去世的父母,必须守丧,服斩衰①,餐素食。因哀悼死者、思念远祖的感情,因此制定了祭祀死者的礼仪;有尊重至尊者、敬重皇上的心意,因此制定了朝见皇上的礼仪。悲痛有丧礼的仪节,快乐有歌唱和舞蹈的仪容,使人端正,足以表现其诚心诚意,让邪恶者暴露,可以防止过失。这就是《汉书·礼乐志》上所说:"有哀死思远之情,为制丧祭之礼;有尊尊敬上之心,为制朝觐之礼。哀有哭踊之节,乐有歌舞之容,正人足以副其诚,邪人足以防其失。"②

如果丧祭的礼仪被废除,那么骨肉间的亲情也就淡薄了,背弃死者、忘却祖先的人就会越来越多;君臣礼仪被废除,那么君臣位置就会出现错位,侵犯欺凌的现象就会逐渐发生。刘贺作为继位者,理应为天下以身作则,却反而逾矩乱法,不知成何体统啊?

六天之后,到了六月初七,举国哀悼,昭帝的灵柩抬上特制的辒辌车,徐徐启动。此丧车有窗户,闭之则温,开之则凉。车出长安城西门,长长的送行队列,足有几里路长。一路上,哀乐齐奏,恸声震天撼地。此时作为天子的刘贺,神情木然,率领着文武百官,在平陵举行了孝昭皇帝安葬仪式。平陵在右扶风郡,

① 斩衰:丧服名。"衰"通"缞"(cuī)。"五服"中最重的丧服。用最粗的生麻布制作,断处外露不缉边,丧服上衣叫"衰",因称"斩衰"。表示毫不修饰以尽哀痛,服期三年。古代诸侯为天子,臣为君,男子及未嫁女为父,承重孙为祖父,妻妾为夫,均服斩衰。

② (东汉)班固:《汉书》卷二十二《礼乐志》第二,中华书局1962年版,第1027—1028页。

位于长安西北十里处。其时距离汉昭帝驾崩的时间将近两个月。

安葬昭帝回来,皇帝刘贺以为大事告成,竟然忘乎所以,登上前殿,将排放的钟磬挨个儿狂敲乱击;又将泰一祠庙的乐人招来,在辇道上鼓吹弹唱;还将长安厨为祭祀准备的三太牢①取来,与手下臣仆一起大吃大喝。而且他还驾车扬旗,在北宫、桂宫外奔驰不已。

北宫在未央宫西北,汉高祖时建,后经汉武帝增修,规模宏大,是一处供游乐的宫殿。《三辅黄图·宫》:"北宫在长安城中,近桂宫,俱在未央宫北,周回十里。高帝时制度草创,孝武增修之。"②据《史记》载,武帝"又置寿宫、北宫,张羽旗,设供具,以礼神君。"③当年东方朔等文学弄臣曾随从汉武帝在此游乐:"常从游戏北宫,驰逐平乐,观鸡鞠之会,角狗马之足,上大欢乐之。"④桂宫在未央宫东北,原为秦王朝所建的甘泉宫。西汉初,汉高祖在甘泉宫基址上建造桂宫,为嫔妃居住的豪华宫殿。《三辅黄图·宫》:桂宫,汉武帝造,"周回十余里。汉书曰:'桂宫有紫房复道,通未央宫'。"

---

①太牢:古代帝王祭祀社稷时,牛、羊、豕(猪)三牲全备。古代祭祀所用牺牲,行祭前先饲养于牢,故这类牺牲称为牢;又根据牺牲搭配的种类不同而有太牢、少牢之分。

②《三辅黄图》卷二《宫》,四部丛刊三编景元本。

③(西汉)司马迁:《史记》卷十二《孝武本纪》第十二,中华书局1959年版,第460页。

④(东汉)班固:《汉书》卷六十五《东方朔传》第三十五,中华书局1962年版,第2855页。

血气未定的刘贺，并无建树，连寸功也无，江山"得来全不费功夫"，却这样不顾场合，如此张扬，追逐骄奢淫逸的享乐，全然不顾朝中大臣的感受。

昭帝入祖宗庙祠的祭礼还未举行，他却启用玺书，派使者持节去昌邑国，以三太牢祠①的规制入昌邑哀王园庙私祭生父，并称嗣子皇帝。也就是说，作为昭帝刘弗陵的继子，他用了祭天、地、泰神的规格来祭祀生父刘髆。既于礼仪违背了"三年不祭"生父之义，又违背了"为昭帝之后者为之子"之义。入继大宗，应尊昭帝为父。他未找准自己的角色与身份来进行定位，玩弄礼仪规制，行为失当。正如《汉书》所说："治身者斯须忘礼，则暴嫚入之矣；为国者一朝失礼，则荒乱及之矣。"②修身者哪怕是一刻忘却了礼仪，那么就会变得粗暴怠慢；治理国家的人，哪怕是失去礼仪一天，那么荒废紊乱就会到来。

刘贺头戴冕旒、颈上垂挂玺组登基后，大批量地越级提拔原昌邑国旧臣仆，"往往超擢拜官"③。昌邑相安乐也迁任长乐卫尉④。龚遂与安乐相见时，涕泪横流，悲哀地说："昌邑王立为天

①三太牢祠：古者天子三年一用太牢祠。三一：天一、地一、泰一。古时候天子于春秋两季在东南郊祭泰一神，用牛、羊、猪三牲祭祀长达七天之久。

②（东汉）班固：《汉书》卷二十二《礼乐志》第二，中华书局1962年版，第1027页。

③（北宋）司马光：《资治通鉴》卷二十四《汉纪十六》，中华书局1956年版，第781页。

④长乐卫尉：西汉军事职官名。长安有未央、长乐、建章三大宫。刘邦为帝时居住长乐宫，以后的皇帝移居未央宫，长乐成为太后的寝宫。太后的长乐宫中，仿中央诸卿，设有长乐卫尉，秩二千石，掌领卫士，守卫宫殿、门户。

子,日益骄傲放肆,劝谏他也听不进去。如今丧期的哀痛还没有结束,他却每天与近臣饮酒作乐,观虎豹相斗,招来皮轩车,举着九旒旗①,驰驱于皇城内的东西道。所作所为,违背了礼法。上古时代的政治制度宽大,作为大臣,可以允许辞官隐退,而今天却不能让我们辞职;如果假装狂癫,又恐怕被人知道,落得个身死而被世人耻笑,我该怎么办啊?您是陛下原先的相国,理应极力劝谏他呀!"②安乐面有惭色,无言以对。其实安乐也在暗中叫苦,因为刘贺不知道尊重他人,忠言逆耳,哪里听得进一点。

有一天,天子刘贺梦见苍蝇屎积满了宫殿的西阶东侧,大约有五六石,以殿屋用的大块板瓦遮盖。刘贺问龚遂是怎么回事,龚遂回答说:"陛下所读过的《诗·小雅·青蝇》一篇不是这样说过吗:'飞来飞去的苍蝇嗡嗡叫,停留在那篱笆上;善良的正人君子,切莫听信那些谗言。'陛下左右两旁的谗人众多,就像这些苍蝇屎。应当启用先帝的大臣子孙,亲近他们,作为陛下的左膀右臂。如果不忍心放弃昌邑国中的故人,信用阿谀进谗的小人,必然造成难以挽救的恶果。希望转祸为福,将这些昌邑故旧全都放逐出朝。我作为陛下的旧臣,请让我第一个走。"龚遂解梦,以当时盛行的"阴阳五行"感应之说进行劝说,但刘贺听不进他半句话,直到被废黜为止。

①皮轩车、九旒旗:胡三省注《资治通鉴》:汉大驾,法驾,前驱有云罕九旒,皮轩,鸾旗。薛综曰:"云罕,旌旗名。"胡广曰:"皮轩,以虎皮为轩。"郭璞曰:"皮轩,革车,即《曲礼》'前有士师则载虎皮。'"师古曰:"皮轩之上,以赤皮为重盖,今此制尚存,非用虎皮饰车。"可见颜师古不同意胡广以虎皮为轩之说。

②龚遂的这段话又见于《资治通鉴》卷二十四《汉纪十六》。

　　　　　　　　　　　　　　　　传奇刘贺

太仆丞①张敞看到了刘贺面临的危机，上书进谏皇上："孝昭皇帝过早驾崩，没有后嗣，大臣们无不忧虑担心，力求选举贤圣者继承宗庙。大家满怀希望，向东方迎接皇上早日来临，唯恐车队行走迟缓。现今天子以盛年即位，天下莫不拭目以观，倾耳以听，盼望善政教化。现在辅国大臣未见褒奖，而昌邑国的那些小人却先得到提拔，这的确是犯了极大的过失啊！"他看到了问题的关键，刘贺未能褒奖霍光这样的重臣，却重用了他的旧部，必定引起霍光等大臣的不满，皇位势必难保。可见刘贺不识时务。他本有两项选择，要么在人事安排上，完全顺从霍光，使霍光无理由罢黜他，就如后来的宣帝刘询；要么采取断然措施，以非常手段拿下霍光，局势也许大不相同。而他只知重用自己的部下，却未能将他们安插在要害部门，这是下策中的下策。

其时，侍中②傅嘉也多次向刘贺进谏。恼怒的刘贺，竟然下令将傅嘉绑缚起来，关押于狱中。

对霍光来说，他未曾料到刘贺入朝登基，毫无感恩之心，甚至未将他放在眼里，也不知安抚众老臣，来日恐怕更无法控制刘贺。霍光的愤懑与日俱增，几乎按捺不住，对刘贺越来越看不上眼。他先单独向他的老部下、大司农田延年征询意见。田延年字子宾，阳陵人。青年时代才略过人，被霍光看中，招纳到幕府

---

①太仆丞：太仆的副官。秦汉时主管皇帝车辆、马匹之官，后逐渐转为专管官府畜牧事务。

②侍中：秦朝始置，即原丞相史，往来殿中奏事，故名。西汉为加官，凡列侯、将军、卿大夫、将、都尉、尚书以至郎中，加此即可入侍宫禁，亲近皇帝。

中,不久就做了他的长史,后为河东太守,颇有政绩,很快进入朝廷任大司农,主管全国财政。从他们的交往来看,田延年可以说是霍光的心腹。

两人有一段秘密商讨的对话。

大司农田延年深思之后说:"大将军为国家之柱石,审察此人不可,为何不禀告太后,更选贤能而立为帝?"

霍光用疑虑的眼光打量着他,说:"现在我的确想这样做,不知以前曾有此例吗?"

田延年不禁激动起来,语调果断地说:"伊尹在殷朝为贤相时,废黜了周太甲,因此而保全了宗庙,后世无不称赞其忠诚。将军假若能做到这样,便是我大汉朝的伊尹。"

霍光又为谏大夫杜延年加官给事中①。这既是霍光收买人心,也是为了在刘贺身边安插监察者之举。与此同时,霍光又暗地与车骑将军张安世图谋下一步计划。

就在霍光等人为废立大事紧锣密鼓地策划时,刘贺仍未意识到形势的严峻性,还经常和身边的昌邑故人出宫游猎。一天,刘贺带着仆从外出游乐,舆车刚出宫门,光禄大夫夏侯胜看到后,拦挡在刘贺乘坐的舆车前,冒死劝谏说:"天久阴而不下雨,恐怕是臣下有谋上者。一旦他们作乱,陛下若是出外,怎么对付得了这种局势呢?"舆车不能行,糊涂的刘贺顿时勃然大怒,大骂

---

①给事中:秦始置。为加官,位次中常侍,所加之官或为大夫、博士或议郎、御史大夫、三公、将军、九卿等亦有加者。加此号得给事宫禁中,常侍皇帝左右,备顾问应对,每日上朝谒见。

传奇刘贺

夏侯胜胡说，简直是妖言惑众，并命人将夏侯胜绑缚起来，交付主管官吏来处置。

这位官吏无法处置，只有禀告霍光。霍光嘱咐不用处罚夏侯胜，派人将车骑将军张安世请来，狠狠责备了一顿。霍光认为是张安世泄漏了两人的密谈，其实张安世并未对外说过什么。于是讯问光禄大夫夏侯胜。夏侯胜回答说："儒者在《洪范传》中说：'皇上如有不合中道的行为，天降其罚则常阴天，其时必有在下者讨伐在上者。'人君如果相貌、言谈、视听、思考五者皆失，不得其中，则不能主持万事，过失在昏聩惑乱。君王承天运，理察万物，当云从山中起来而弥漫于天，天气乱，故其罚则常阴。君乱且弱，人之所叛，就会出现在下者攻伐在上之症状。我不敢明言，所以说'臣下有图谋'。"

夏侯胜乃是有脊梁骨、不怕死的有名人物。胜字长公，宁阳侯国人（今山东宁阳）。他的叔父夏侯始昌曾做过刘贺父亲刘髆的太傅，所以父辈就有着不一般的关系。汉武帝时，夏侯胜就被立为经学博士。参政时以直言议政著称，治学时注重创新发展，成为汉朝一代儒学名师，西汉朝今文尚书学"大夏侯学"的开创者，就连皇太后也经常听其讲学。他为人刚直，从不为权势折腰。为国家利益，他不仅敢于直言帝王功过，而且还是洞察奸谋的高手。汉昭帝驾崩，昌邑王刘贺继承大统。夏侯胜从儒家礼法立场出发，向刘贺进谏，以尽臣职。大概此时霍光等行迹颇有暴露，所以他以天意垂戒的"阴阳五行"说提醒天子刘贺，但刘贺对霍光仍无戒心，还是没有听进半句，逆耳忠言啊。

夏侯胜就是这样一位认理而不怕死的学者官员。后来汉宣帝刘病已即位后，欲褒扬曾祖父刘彻，诏告文武百官，商议建造武帝庙。当时众官齐口称赞，无不附从。唯有夏侯胜听了表示反对，他说："汉武帝虽然有抵御四方强敌、扩大疆土之功，但滥杀士众，过度铺张，白白消耗了大量财力，使百姓流离失所，对人民没有什么恩德，因而不应该为武帝立庙塑像。"众官一齐向夏侯胜发难："这是天子诏书啊！作为一位人臣，应当唯皇上是听，忠于君王，你诽谤先皇，罪在不赦。"夏侯胜勇敢地说："诏书不可听也。人臣之谊，应当直言正论，不可阿谀奉承，顺从旨意。议已出口，虽死不悔。"于是丞相、御史大夫都上奏夏侯胜非议诏书，毁谤先帝，没有道德，终将夏侯胜关入监狱。丞相长史黄霸因未劾夏侯胜，也被逮入狱。二年后才下诏释放两人，任命夏侯胜为谏大夫，黄霸为扬州刺史。

此时霍光与张安世听到夏侯胜的话后大惊失色，退而叹息说："人已知图谋，定告之于皇上，朝廷必有惊觉，举事必遭不测。"为防不测，他们决定尽早采取行动。两人一番密谋之后，霍光便派田延年去丞相杨敞家中秘密商谈。

杨敞，陕西华阴人，大史家司马迁之婿，原为霍光幕府中的军司马，后迁御史大夫，代王诉为丞相。虽说他也是因霍光的赏识渐登高位的，但乍闻此事，还是大为惊惧，一时冷汗涔涔，只是唯唯诺诺，不知说什么才好。这时，田延年起身去为宾客安排的更衣室整装准备返回，杨敞的夫人恰从东厢房中走出来，对杨敞说："这等国家大事，霍光大将军已决定好了，不过是派九卿之官来向你通报。你如果不赶快表态,表明与大将军同心同德,而是犹豫不决,恐怕首先就要杀了你。"过了片刻,田延年从更衣室返回,杨敞和夫人先与田延年交谈一番,然后表态说:"我们遵从大将军霍光的教令!"①"遂共废昌邑王,立宣帝。"②由此看来,这位杨夫人对朝廷形势非常了解,且能应付周旋并善于决断,而杨敞的勉强同意既是无奈,也是为了自保。

六月二十八日,距汉昭帝葬后仅二十一日,大将军霍光召请丞相、御史、将军、列侯等重臣以及大夫、博士在未央宫承明殿③开会商议。像这样大规模而无皇帝在场的会议,众人都预感到这是不寻常的场面。陆续到达后,全体肃立,沉寂无声。这时,大将军霍光站在最前面,板着威严的面孔,显得非常阴沉。他第一个沉重地说:"昌邑王行为昏乱,恐怕要给国家带来严重的后果,我们对此该怎么办?"此言不称皇上而称旧号昌邑王,已让人预感到废帝之举。

众大臣立即都惊愕得面面相觑,没人敢出来说话,只是小声唯唯诺诺而已。

大司农田延年早已胸有成竹,他站出来,向前跨了一大步,

---

①(北宋)司马光:《资治通鉴》卷二十四《汉纪十六》,中华书局1956年版,第782页。

②(东汉)班固:《汉书》卷六十六《公孙刘田王杨蔡陈郑传》第三十六,中华书局1962年版,第2889页。

③承明殿:在未央宫,为朝臣休息的宫殿。因收藏典籍被人们所熟知,班固《西都赋》曰:"又有承明金马,著作之庭,大雅宏达,于兹为群,元元本本,周见治闻,启发篇章,校理秘文。"

手按剑柄,冲着霍光厉声道:"先帝把年幼的孤儿托付给将军,把大汉的江山委托给将军,是因为将军忠诚而贤能,能够安定刘氏的江山。现在下边议论得像鼎中的水一般沸腾,国家几乎倾覆,况且汉天子的谥号传统常带有'孝'字,就是为了天下长治久安,使宗庙祭祀不绝啊!如果造成汉皇室断绝祭祀的后果,将军即使是死了,又有什么脸面在九泉之下朝见先帝呢?今天的会议,就是要求大家同意罢黜皇帝,不可迟疑不决,诸位大臣有谁回答得晚的,我请求挥剑把他杀了。"

田延年的这一番慷慨陈词,表面上是指责霍光,其实是在支持霍光的行动,同时也在威逼群臣,谁要是不听从霍光,马上就会有灭顶之灾。一时全场肃静,鸦雀无声。霍光沉吟片刻,然后责备自己说:"田延年乃九卿重臣,对霍光本人的指责,是非常正确的。天下骚扰不安,我霍光本人理应受到责难。"

两人一唱一和,软硬兼施,抽剑在即,强逼同意。而此次田延年居然带剑上殿,必定也是事先得到霍光的允许。见此状,参加会议的列卿大臣们不约而同叩头说:"天下百姓的命脉,都掌握在将军手里,只等大将军下令了。"

无片刻迟疑,大将军霍光立即率众大臣一起觐见年仅十五岁的皇太后,列举刘贺不能继续承继宗庙的种种过失。这里需要交代的是,刘贺既为昭帝的嗣子入继大统,昭帝的上官皇后,此时的皇太后便是刘贺名分上的继母,有事不可不听命之。皇太后听完禀告后,立刻坐车驾临未央宫承明殿,下诏各禁门守卫者,不准放原昌邑王的众臣仆进入,只能放刘贺一人入内。

颟顸的刘贺接旨后,前往朝见面有愠色的皇太后之后,还满不在乎,乘辇车准备回到温室①。中黄门②宦官各人手把住一扇门,待刘贺一进入,立即将门关闭,跟随刘贺之后的臣仆不得进入。刘贺这才发现大事不妙,惊讶地问道:"这是干什么?"大将军霍光立即跪下来回答说:"有皇太后诏书,不准让你的那班亲信群臣进入。"

　　至此被蒙在鼓里的刘贺,仍不知霍光手段的厉害,扶他起身,说:"请您慢些说来,为何做出这样惊人的举措?"

　　霍光并不理睬他,转身派人将挡在门外的昌邑亲信群臣全都驱赶到金马门外。车骑将军张安世早已率羽林军官兵在等候,立即将二百余人全都绑缚起来,送往廷尉审讯,随后将他们关入大牢。

　　其时,霍光铁青着脸孔,对监看刘贺的禁卫队下达一条威严的命令:"务必小心,别让刘贺自杀,让我有负于天下,背上弑主之罪名。"可怜这时刘贺还不知道自己要被废黜,对左右禁卫兵说:"我这些故旧群臣任职办事,难道都有罪行,为何大将军要将他们全部抓起来?"

　　不一会儿,传达皇太后再次召见刘贺的诏令。刘贺听说还要召见他,内心恐惧不安,皱起眉头说:"我难道得罪了皇太后,怎么还要召见我啊?"

---

　　①温室:温室殿,属未央宫建筑群。殿内有各种防寒措施和设备,用花椒和泥涂壁,因而又称"椒房殿"。
　　②中黄门:奄人居官禁中,在黄门之内办事者,食禄同百石之官。

刘贺被带进去后，但见皇太后更换了齐整的珠襦衣，佩戴完备的服饰，肃容坐在武帐中，左右数百名侍卫手中都持有兵器，齐整整地伸出，寒光凛然。期门①武士们持着矛戟，整齐排列在殿下。群臣依次登上大殿，然后召刘贺进殿。刘贺执拗地昂着头，一言不发。全体肃立，由丞相杨敞领衔、群臣联名上奏弹劾刘贺。

从这份联名上奏的名单来看：一是列出职务或封爵，不列姓氏，名置于臣字后；从身份看，主要是军政大臣、监察重臣、廷审重臣、主管礼仪或主管藩属国的官员、保卫皇城朝廷的武官、主管京辅一带治安的官员、主管皇家事务的官员、部分将军，还有京城附近的郡守，部分侯爵、博士，共36人。其中绝大多数有姓名可查：丞相杨敞、大司马霍光、车骑将军张安世、度辽将军平陵侯范明友、前将军龙雒侯韩增、后将军赵充国、御史大夫蔡谊、谏大夫宜春侯王谭、当涂侯魏圣、随桃侯赵昌乐、杜侯屠耆堂、太仆杜延年、太常蒲侯苏昌、大司农田延年、宗正刘德、少府史乐成、廷尉李光、执金吾李延寿、大鸿胪韦贤、左冯翊田广明、右扶风周德、长信少府臣嘉、典属国苏武、京辅都尉臣赵广汉、司隶校尉臣辟兵、诸吏文学光禄大夫王迁、宋畸、丙吉、光禄大夫夏侯胜、太中大夫赵印等。

这份长长的一大卷汉简奏书由尚书令宣读于皇太后陛下，其实也是读给众臣听的，声音洪亮，回荡在肃穆的大殿里：

①期门：属光禄勋，掌执兵器护送跟从。汉武帝微行时与勇力之士期之于殿门，故称。

天子之所以能永保宗庙以总揽海内,以慈孝、礼义、赏罚为根本。孝昭皇帝很早就放弃了天下,没有后嗣。臣杨敞等人议立,按照《礼记》中所说:"为人之后者,即是作为他的继子。"众人认为昌邑王宜于作昭帝之后嗣,派遣宗正、大鸿胪、光禄大夫奉节使征召昌邑王前来主持丧礼,服斩衰。但昌邑王并无悲哀之心,荒废礼义。在途中,就没有遵守素食之规定,还派自己的随从抢掠民间女子,强行装载在帷车中,收藏在所居住的传舍①中。进长安谒见众臣后,为皇太子期间,还常派人去私自买鸡为食。在昭帝灵柩前接受了皇帝信玺、行玺②与绶带,但却打开玺盒而不盖上③。更不应该的是,派从官持节招引从前昌邑国的从官、仆役、官奴二百多人,住在深宫里一起嬉戏。私自到符玺处取出十六根使节,朝暮前往,命令从官持节随从。还写书信说:"皇帝慰问侍中君卿④,派中御府令高昌送上黄金千斤,赐君卿娶十个妻子。"

大行⑤枢还在前殿时,刘贺就擅自动用乐府的乐器,招引当年在昌邑跟随过他的一班乐人,击鼓,吹弹,歌唱,作俳

①传舍:古代接待行人宾客的住所,犹如旅店。
②汉初有三玺,天子之玺自佩,信玺、行玺在符节台。
③颜师古《汉书注》曰:玺既为国器,常当缄封,而王于大行前受之,退还所次,遂尔发漏,更不封之,令凡人皆见,言不重慎。
④侍中君卿:昌邑之侍中,名叫君卿。侍中,侍从之官。
⑤大行:帝死停棺未葬。

倡之乐。又召纳人为泰一①举行祭祀，宗庙几百人的乐队，鼓吹歌舞，演奏了各种乐曲。征用长安厨三太牢的祭品。祭祀完毕后，与从官饮食。驾法驾，扬鸾旗，在北宫、桂宫奔驰戏闹，甚至玩耍猪，让老虎互斗。竟然还要来皇太后乘坐的小马车②，让官奴骑乘在掖庭③中游戏。与昭帝的宫人蒙等在一起淫乱，还下命令给掖庭："谁敢泄露秘密，便杀谁的头。"

宣读至此，皇太后气愤地打断说："暂停宣读！为人之臣子，怎么如此悖乱啊！"高声责令刘贺低下头来认罪。刘贺下意识地心虚了，面色变得惨白。全场顿时一片议论纷纷。尚书令接着高声再读奏书：

刘贺在服丧期间，取出诸侯王、列侯、二千石绶及墨绶带、黄绶带④，拿来给昌邑免于为奴的郎官佩戴。将使节上

---

①泰一：《资治通鉴》注引郑樵曰：祭泰一乐人也。余据武帝祠泰一用乐舞，召歌儿作二十五弦及空侯瑟。又采诗夜诵，有赵、代、秦、楚之讴。宗庙乐有文德、昭德、文始、五行之舞，嘉至、永至、登歌、休成之乐，房中祠乐、安世乐、昭容乐、礼容乐，其员八百二十九人。

②小马车：张晏曰：皇太后所驾游宫中辇车也。汉厩有果下马，高三尺，以驾辇。师古曰：小马可于果树下乘之，故曰果下马。

③掖庭：宫中旁舍，妃嫔居住的地方。

④《续汉志》：诸侯王赤绶四彩：青、黄、缥、绀。列侯紫绶二彩：紫、白。二千石青绶三彩：青、白、红。千石、六百石墨绶三彩：青、赤、绀。四百石、三百石、二百石：黄绶。

的黄旄尾换成红色。将御府里的金钱、刀剑、玉器、彩缯赏赐给与他一起游戏的人。与从官、官奴常在夜晚一起酗酒。下诏太官送上乘舆食，要按照平日惯例。食监奏示：释除丧服前，不可按平日里的饮食习惯。他又催促太官为他准备好上等肉食，并说这与食监所说的无关。但太官也不敢为他具备，他便派从官出外买鸡，诏入殿门内用膳，以此为常。夜晚在温室，单独举行隆重的九傧之礼仪，由礼官九人依次导引其姊夫、昌邑国关内侯上殿。祖宗庙祠礼祀还未举行，他就制作玺书，派使者持节去昌邑，以三太牢祠的规制祭祀昌邑哀王园庙，并称嗣子皇帝。

接受玉玺登基以来二十七日，使者频繁持节送诏书给各个官署征发索求，共有一千一百二十七事。文学、光禄大夫夏侯胜等以及侍中傅嘉屡次进谏以规劝过失，他反而让人鞭打夏侯胜，将傅嘉绑起来送进牢狱。荒淫迷惑，失去了帝王礼仪，弄乱了大汉制度。臣敞等数次进谏，毫不改变，且一日比一日厉害。担心如此将危及社稷，天下不安。臣敞等谨与博士臣霸、臣隽舍、臣刘德、臣虞舍、臣射、臣仓在一起商议。大家都说："高皇帝建功业为汉太祖，孝文皇帝慈仁节俭为太宗。今陛下作为孝昭皇帝的后嗣，行淫辟不轨之事。《诗》云：'籍曰未知，亦既抱子。'《孝经》上说：'五刑之属三千，而罪莫大于不孝。'周襄王不能事母，《春秋》曰：'天王出居于郑。'由于不孝而出居于外，是自绝于天下。宗庙重于君，陛下不能承继天意之安排,侍奉祖宗祠庙,统治万民,应当废黜。"臣请相关的官员御史大夫臣谊、宗正臣德、太常臣昌与太祝以一太牢具至高庙祠祭时禀告先帝。臣张敞等昧死以闻。①

读完后,整个殿堂里变得异常的安静。皇太后以目光扫视全场,无人表示异议,然后批示下诏说:"可以。"她同意了众大臣的意见,立即废黜刘贺。这时,霍光急忙命令刘贺弯身下拜,接受诏书。

未曾料到,这时废帝刘贺并不服气,他猛然昂起头,也以《孝经》上的话争辩说:"听说天子有诤臣七人,虽然无道,不应失去天下。"于是,群臣顿时交相耳语。他们也未曾料到,刘贺居然还能引经据典,反驳霍光。

大将军霍光并没有正面回应他,而是以压制性的厉声吼叫道:"皇太后下诏废黜了你,你怎么还可以妄称为天子!"于是强行扭住刘贺的手腕,将挂在颈上的玺组解脱下来,捧着登阶献给太后。然后强扶着刘贺一步步沉重地走出宫殿。出了金马门,群臣随后送行。这时,刘贺神情沮丧,汗流如注,他向着汉家祠庙的方面俯拜再三,惭愧满面,哭泣着说:"我太愚戆,担当不了汉朝的大事。"便慢慢起身,步履沉重地登上舆车而去。

霍光乘车在后,一直护送他到了昌邑王邸,脸色冷峻,对他道歉说:"大王的行为自绝于天,臣等驽怯,不能杀身报德。但臣宁可辜负大王,不敢辜负汉家社稷。希望大王爱惜自己,臣此后

---

① 杨敞领衔签署的这份上书,《汉书·霍光金日磾传》全部录存,《资治通鉴》删除部分段落与文句并有改易字句。

将永不再见你的左右。"言罢,以袖拭泪而去。末句意思是说,今后断绝任何的往来,此话异常的绝情。明眼人也都知道,这眼泪珠儿也是假惺惺表演出来的。

在《汉书•霍光金日磾传》的有关记载中,这一阴谋政变的过程,是异常复杂而激烈的,可说是长篇巨幅,浓墨重彩,且是霍光一生中最为重要的功绩。此前,昭帝崩后,"群臣议所立",都主张立广陵王刘胥。唯霍光反对,好不容易得到一个下级郎官上书的支持,反对立广陵王。后来立了刘贺,仅二十七日又废了。不过废的过程过于强势,有的手段并不光彩。起初也是霍光的主意,然后密谋串通,拉拢几位重臣,而大丞相杨敞慑于霍光的威势,为保全身家性命而无奈同意。继而在瞒着皇帝刘贺的情况下召集众大臣,与其说是商议,不如说是威逼,与田延年等人唱了一出双簧戏,然后以丞相杨敞领衔,联名上书上官皇太后(霍光外孙女),并且明明是霍光的主意、阴谋,却在奏书的最后编造了丞相杨敞与博士、宗正等七人在一起商议的意见,应当罢黜刘贺,分明是假造文人的舆论。霍光的机谋是不想让人抓住专横独断的把柄,尽量做得冠冕堂皇一些。不过这也说明,罢黜皇帝之举,并非群臣的共识,而是多多少少带有勉强与无奈。刘贺的罪状,并非到了天人共愤的程度。

废黜的场面也有些滑稽可笑,众多重臣郑重其事上书的对象不过是年方十五的少女,只因为她是昭帝的遗孀——皇太后,而她又是霍光的外孙女。六年前,她的祖父上官桀、父亲上官安一家都被霍光诛杀,她的一切行动,全都必须听命于霍光,联名上书，只是形式上的必须而已。但不得而知的是，刘贺这些非礼非法行为，她是否有所耳闻，如果毫不知情，则说明刘贺的过失并未闹得沸沸扬扬。

刘贺在被废之时说："听说天子有诤臣七人，虽然无道，不应失去天下。"也并非无理取闹，如果霍光有劝谏之举，仍未改正，则当废，但从史书看，霍光事先并未对他进行过规劝。而刘贺引用了《孝经》中孔子的这句话，恰如其分，也显得他不失为有文化修养。但此时，霍光的表现异常专横，不作正面回应，而是说："你怎么能称天子！"所以《西汉演义》的作者蔡东藩说："光忠厚有余，而才智不足，诚哉！其不学无术乎！伊尹能使太甲之悔过，而霍光徒毅然废立，专制成事，其不如伊尹多矣！"也就是说，霍光本来可以效法伊尹教育太甲，以后归政给太甲的做法，感化刘贺，让他有改错的机会，但是霍光采取了强硬的手段——废黜，直接将他赶下皇帝宝座，这就远远不如伊尹的宽厚。

为刘贺罗织的罪状非常详细，主要是三方面：一是未遵守丧制礼仪，包括丧礼期间并无悲哀之心；祖宗庙祠未举，却派使者以天子礼祭其亲父昌邑哀王刘髆；二是与孝昭皇帝宫人蒙等淫乱；三是征调无度。短短二十七天，征调物资有1120次之多，平均每天41次。签发的诏令足够多了，这其中也许有不适当的，但必定也有些是必需的。这其中无法核实哪些是不应当的，哪些是必需的。这位废帝放纵逸乐，行为不合礼制，更无治国之才能，但罪状是否如宣读的那么严重，是"何患无辞"？还是夸大其词？抑或是经后来者罗织、堆积的劣迹。而且，检举作为天子的他，"独夜设九宾温室，延见姊夫昌邑关内侯"，也成为一条罪状，则未免小题大做了。

其实奏书对刘贺在守丧期间所列举的各种淫乱荒唐的罪名，只不过是从礼法上来找寻推翻皇上的理由。我们知道，历代政治斗争中，从生活作风方面来抹黑对手，不乏其例。所以在这个表面现象的后面，必定还有更深刻的政治原因，即一场政治权力争夺的角逐。刘贺本应依赖和重用以霍光为首的拥立他为皇帝的朝廷大臣，维护他们在朝中的既得利益，然而，刘贺不仅没有这样做，反而将昌邑国的原班人马带到了长安，越级提拔。正如张敞在劝谏中指出："国辅大臣未褒，而昌邑小辇先迁，此过之大者也。"[1]说到了问题的要害。不过，刘贺所带来的昌邑人马，并未掌握到多少重要权力。就连昌邑相安乐，也就不过是任命为长乐卫尉。从奏书的联名名单来看，还是昭帝时代留下来的一班朝中老臣。只是霍光生怕他的权力受到挑战，他的人马会逐渐替换，因而采取极端手段以对付。对于一个在朝中还没有扎下根来、形成有力支撑辅弼根基的刘贺来说，只有被废黜这一条路可走。

从双方对比来看：一方是密谋勾结、串通拉拢、联络动员，甚至不乏派人强逼大臣，以丞相领衔，假太后之诏，导演了一场惊心动魄的宫殿政变。其实这是大将军霍光一手操纵的宫廷政变，使出铁腕手段，强势威逼，坚毅而不乏凶猛，但他自己心跳得

---

[1]（东汉）班固：《汉书》卷七十六《赵尹韩张两王传》第四十六，中华书局1962年版，第3216页。

厉害,多年未曾平静。宣帝本始二年(前72),当霍光念及当年他与田延年在承明殿威逼众大臣废刘贺的情景时,"因举手自抚心曰:'使我至今病悸'"[1];一方是一个纨绔子弟刘贺,无智无勇,无掌控政局能力,也并非不知道霍光的权势,却毫无防范,坐失良机,措手不及,显示出的是既无预见,也无实力,甚至无法调动羽林军的一兵一卒,无怪乎一触即垮,彻底失败。

当然,也不排除另一种可能性,他的昌邑旧臣在被杀前夕,埋怨刘贺,"当断不断,反受其乱"[2]。没有趁早动手,拿下霍光。这说明或者另有一种可能性,即昌邑旧臣谋划杀害霍光,事情泄密而促使霍光先下手为强,使出撒手锏。

后世权臣废立皇帝,为了掩盖动机,往往假称"行伊、霍之事"。不过由于《竹书纪年》曾质疑伊尹事迹,加上后世行伊、霍之事的往往都是图谋篡位之人,因此,很多人也对霍光的动机产生疑问。现代历史学家吕思勉在他的《吕著中国通史》中指出:汉武帝死后,霍光拥立幼子昭帝,和后来废昌邑王立汉宣帝,其实是两次阴谋政变。事实真相,也许和《汉书》记载的有出入。

再从这一场宫廷政变来看西汉王朝的体制:一是皇位世袭制的弊端严重,谁继汉武帝皇位?太子刘据被杀,与武帝有关。

---

①(北宋)司马光:《资治通鉴》卷二十四《汉纪十六》,中华书局1956年版,第797页。

②(东汉)班固:《汉书》卷六十八《霍光金日磾传》第三十八,中华书局1962年版,第2946页。"当断不断,反受其乱",古时的谚语。应该作出决断而犹豫不决,就要产生祸乱。指做事应当机立断,否则后患无穷。司马迁《史记·春申君列传》:"语曰:'当断不断,反受其乱'。春申君失朱英之谓邪?"

传奇刘贺

武帝崩,燕王刘旦、广陵王刘胥不仅不读诗书,且品行甚差。只有物色幼子少主刘弗陵,立为昭帝。昭帝崩后,武帝第二代中,只剩下广陵王,但他过于强势,霍光担心如果立他为帝,不易控制,只有到第三代中物色人选,结果刘贺又不能令他满意。堂堂大汉王朝,刘家如此无人可用,悲哉!这既是皇家教育子弟的失败,也是汉朝世袭制出了问题。

其二,个人擅权严重,霍光虽受武帝托孤之重任,但权势熏天。不顾众大臣立广陵王为帝的意见,未经过考察,就草率立昌邑王刘贺为帝,然即位仅仅二十七天就被他废黜。在这一系列过程中,霍光都显得独断专行而又不乏机心,有组织地上演了一场惊心动魄的逼宫大戏。诸多文臣、监察官员表现出来的却是软弱无能,对霍光毫无钳制、监督能力,更无人敢于提出反对意见。

还有疑点,霍光与诸大臣召开大会废黜刘贺,参与的人数这么多,如此重要大事,如何做到不泄密,不走漏风声?值得怀疑。

汉人相信天人感应之说,班固在《汉书·天文志》记载元平元年(前74)的天象时有一段文字:

> 二月甲申……乙酉,牂云如狗,赤色,长尾三枚,夹汉西行。大星如月,大臣之象,众星随之,众皆随从也。天文以东行为顺,西行为逆,此大臣欲行权以安社稷。占曰:"太白散为天狗,为卒起。卒起见,祸无时,臣运柄。牂云为乱君。"到其四月,昌邑王贺行淫辟,立二十七日,大将军霍光

白皇太后废贺。①

二月乙酉即二月十八日，有一颗红色的天狗星，拖着三条长尾巴，夹银汉向西行，天狗星无疑是感应在乱君刘贺身上。大星如月，有大臣之象，群星相随东行，则感应在大司马大将军霍光身上。待到四月，昌邑王刘贺行淫僻之事。至六月，仅二十七天在位，便被霍光率群臣禀告太后而被废了。然而这种天人感应之说，显然是无稽之谈，并无科学根据。

刘贺被废之后，文武群臣上奏太后说："古时候，被废黜之人

① (东汉)班固：《汉书》卷二十六《天文志》第六，中华书局1962年版，第1307—1308页。

金车、鼓车复原场景

要被放逐到远方去,使其不能再干预政事。请将昌邑王刘贺迁徙到汉中房陵县。"但太后并没有批准这一建议。从名分上来说,刘贺立为帝之前,就明确了刘贺是她的继子;从血脉来说,是其夫、昭帝刘弗陵的堂侄;从年龄来说,她比刘贺小四岁。所以她对刘贺的处理结果还是比较宽仁,网开一面,并非刻薄:"太后诏归贺昌邑,赐汤沐邑二千户,故王家财物皆与贺。"[1]让刘贺返回昌邑,赐给他汤沐邑二千户。而且不得没收刘贺的财产,凡是从前昌邑王的家财都得全部归还刘贺。二千年后出土的文物如此丰富多彩,是得益于这一处理措施的。刘贺父亲刘髆的财物,

①(北宋)司马光:《资治通鉴》卷二十四《汉纪十六》,中华书局1956年版,第787页。

应有不少来自武帝与朝廷的赏赐。祖母李夫人当年受汉武帝宠爱，必定也有相当的赏赐财物，身后都归其父刘髆所有。作为遗产，为唯一的儿子刘贺所继承。昌邑哀王刘髆还有四个女儿，也各赐汤沐邑一千户。也就是说，每年还能获得一定的收入，不没收其财产。但还有一条严厉的措施：撤销昌邑国，改为山阳郡，由郡太守直接管理这一方土地。刘贺不再是昌邑国王，被剥夺了爵位。

得到刘贺重用的原昌邑国臣仆二百余人，全被关押在牢狱中，一个个轮流被审讯，均犯有在昌邑国时未能举报昌邑王的罪过，致使朝廷不知昌邑王的品行恶劣；或未能尽辅弼引导之职，让"大王陷于恶行不道"的泥潭中，最终由霍光下令将这二百余人全部处以死刑。一行人在押往刑场途中，愤愤不平，在经过闹市时竟然一齐呼叫起来："当断不断，反受其乱。"

由此可以推断出：既然刘贺带来的昌邑臣仆的罪状都是在昌邑国所犯下的，那也就可以说明，他们随从刘贺入长安城之后，并无任何过失能让审讯者据以判罪。

昌邑旧臣中，最重要的人物是昌邑王相安乐，后任长乐卫尉。前一项相国，是作为刘贺的首位辅臣，可是他未尽辅导之能。龚遂多次希望他向刘贺进言，他做不到，所以面有惭色。后入宫被刘贺任命为长乐卫尉，职责是统率卫士保卫皇太后的长乐殿。武帝时代，名将程不识担任过此职。但安乐似乎并未掌握到什么兵权，在这场由霍光主导、操纵的宫廷政变中，他没有为保护刘贺起到半点作用，最终难逃一死。

刘贺的师傅王式是一位温文儒雅的学者，也被逮捕下狱，应处以死罪。审案官员责问王式道："你作为昌邑王的老师，为什么没有你进行规劝的谏书？"王式回答说："我每天早晚都为昌邑王讲授《诗经》，遇到涉及忠臣、孝子的内容，未尝不为昌邑王反复诵读、讲解。至于那些无道之君使国家危亡的篇章，也未尝不流着泪为他详细陈说。我是用《诗经》的三百零五篇来讽谏昌邑王的，所以没有留下谏书。"

审案官员将王式这番话奏闻朝廷，王式因此被免除死罪，但回家后再也不肯教书了。后来不少人向朝廷推荐王式有贤德，宣帝下诏征召他为经学博士。他无奈进宫听命，身穿博士衣，却光着头，不肯戴帽，并说："我是刑余之人，怎么能再充任礼官？"最后他还是以病为由辞归，足见刘贺被废一事给他带来的心灵创伤，严重伤害了他的自尊心。同时，也可看出他的耿介傲骨，宁可在野为平民，不愿再为朝廷服务。

在昌邑旧臣中，还有郎中令龚遂与中尉王吉因忠诚刚直、多次规劝过刘贺而被免除死罪，仅被剃去头发，罚以"城旦"之刑，即修筑城墙服徭役。直至汉宣帝即位后很久，渤海郡闹饥荒，盗贼四起，当地官员制止不了。宣帝要选一个能胜任的人，丞相与御史均推荐了龚遂，于是任命其为渤海太守。龚遂不费兵力，用计谋平定了当地这一次动乱，为汉朝的安定立下了大功。后又拜为水衡都尉，官署在上林禁苑，任务是为宫廷提供陈设物品，采购为祭祀宗庙所需的牛羊豕等供品，颇得宣帝重用。龚遂最后在官任上得以寿终。王吉后来出任益州刺史，因病辞官，不久又被征为博士、谏议大夫,也有卓异的政绩。本始二年(前72),汉宣帝任命王吉为朝中谏议大夫,专门评议政事、弹劾失职官员,成为名副其实的朝廷重臣。这也说明,在西汉王朝宣帝时代,用人政策特别是对待学者还是比较宽容的,唯才是举。龚遂与王吉,并不因为曾在昌邑王国任过职、有过惩罚而不予以重用。

曾多年侍奉昌邑王刘贺的王式、龚遂、王吉,都是学识渊博、才干卓异的儒者,他们对刘贺的成长必定竭尽教导、训育、规劝之力。从现在海昏侯墓出土的文物看,刘贺还是有一定文化修养的帝胄,这其中,或许有王式、龚遂、王吉等人的培育之劳。

七

宣帝时代霍光家族的可悲结局

丙吉像（清末《历代名臣像解》）

皇帝刘贺被废黜（有的史书称"废帝"）后，大将军霍光又立即面临立谁为帝的难题。其时，光禄大夫丙吉（一作邴吉）写书信给霍光，提名由武帝嫡曾孙、戾太子刘据孙、史皇孙刘进之子刘病已登位。信中说：

将军曾侍奉过孝武帝，受托孤之嘱，寄托天下之大任。昭帝早崩而无后嗣，海内忧惧，欲早得知接位者是谁。发丧之日，以大义立刘贺为帝。所立者不当，又以大义废黜刘贺，天下莫不敬服。方今宗庙、百姓之命运

传奇刘贺

在于将军之一举……
武帝曾孙名病已,至
今十八九岁,通经术,
有美材,举止安稳,性
情温和,希望大将军
与群臣商议,以著龟
作参考,先让他入宫,
让天下昭然明白,然
后决定大策,天下幸
甚。①

汉宣帝刘询(刘病已)像

　　支持者还有给事中杜延年,当年他的儿子与刘病已为好朋友。经过短暂的商议后,霍光接受了丙吉与杜延年的建议,与丞相等人决定,立刘病已为帝。

　　刘病已(前91—前49),汉武帝刘彻曾孙,戾太子刘据之孙。巫蛊之祸发生时,襁褓中的刘病已也被收系郡邸狱。巫蛊事件几年不能结案,直至后元二年(前87)武帝有病,来回于长杨宫、五柞宫,观望云气的星相客说长安狱中有天子气。武帝派使者分别通知京师诸官府,对因巫蛊事件入狱的罪犯,不论轻重均处死。内谒者令郭穰当夜到郡邸狱检查,丙吉将狱门关闭,使者不能入内,刘病已幸赖丙吉得以保全。后逢大赦,丙吉就以车载刘

　　①(东汉)班固:《汉书》卷七十四《魏相丙吉传》第四十四,中华书局1962年版,第3143页。

病已送到祖母史良娣家。武帝后有诏书，派掖庭官去史家看望曾孙刘病已，并令宗正将其名录入皇家宗谱。此时掖庭令张贺是戾太子往日的侍者，怀念戾太子的旧恩，同情其孙刘病已，对他体贴入微，供刘病已读书。刘病已渐渐长大了，他为刘病已娶宫廷染工许广汉之女为妻。刘病已依靠广汉兄弟与祖母家史氏而成人。后来刘病已跟随东海一位老学者学《诗》三百篇，并熟悉了下层民情与吏治得失。

七月，霍光向皇太后奏议说："依照礼制，为人重视血统关系，就应尊重自己的祖先；尊重祖先，就会敬奉祖宗的事业。昭帝无嗣，应选择宗支子孙贤德者为继承人。武帝曾孙名病已，有诏令由掖庭进行照管，至今已十八岁。从师学习《诗》《论语》《孝经》，操行节俭，慈仁而爱人，可以作昭帝的继承人。奉承祖宗大业，统驭天下臣民。"皇太后立即批准了这一奏议，派宗正刘德到刘病已在尚冠里的住处，为他洗浴，赐给御府的衣冠，然后由太仆用轻车奉迎刘病已进入未央宫。

昭帝元平元年（前74）七月二十五日，刘病已拜见皇太后，先被封为阳武侯。随后大臣奉上传国宝玺，刘病已继皇帝位（前74—前49年在位），成为西汉第十位皇帝，晋谒高庙，是为孝宣帝。距离刘贺被废也恰好是二十七天。

汉宣帝登基后的第一件大事，便是在七月对这次废立的众臣进行论功行赏。大将军霍光加封一万七千户，连同以前所封的食邑，共计两万户。又下诏说："褒奖有道德者，赏赐有功劳者，这是古往今来的通义。车骑将军、光禄勋、富平张侯安世，警卫宫殿，

116

忠诚耿直,宣明恩德,为国家勤劳,恪守职务,坚持正义,社稷宗庙,得以安全。加封一万六百户,功劳次于大将军霍光之后。"给事中杜延年以决定策略、安定国家有功,加封二千三百户,与以前所封的食邑加在一起共四千三百户。丞相杨敞以"居位定策安宗庙,益封三千五百户"。并诏有司论定策功:"大司马、大将军霍光功劳超过汉高祖的太尉、绛侯周勃;车骑将军张安世、丞相杨敞功劳可与丞相陈平相比;前将军韩增、御史大夫蔡谊功劳可与颍阴侯灌婴相比;太仆杜延年功劳可与朱虚侯刘章相比;后将军赵充国、大司农田延年、少府史乐成功劳可与典客刘揭相比,都可以封侯并增加土地。"

蹊跷的是,受到大封赏的丞相杨敞,却在立刘病已为皇帝一个月后即谢世:"宣帝即位月余,敞薨,谥曰敬侯。"[1]是畏惧还是无法面对"正直"的内疚、悔恨所致? 难以揣测。去世后,宣帝仍系念他,下诏书大加封赏其子与一批有功之臣:

　　故丞相安平侯(杨)敞等居位守职,与大将军(霍)光、车骑将军安世建议定策,以安定宗庙、功赏未加而薨。其谥封敞嗣子(杨)忠以及丞相、阳平侯(蔡)义,度辽将军、平陵侯(范)明友,前将军、龙雒侯(韩)增,太仆、建平侯(杜)延年,太常、蒲侯(苏)昌,谏大夫、宜春侯(王)谭,当涂侯平、杜侯屠耆堂,长信少府、关内侯(夏)侯胜邑户各有差。封御史大夫(田)

<hr>

①(东汉)班固:《汉书》卷六十六《公孙刘田王杨蔡陈郑传》第三十六,中华书局1962年版,第2889页。

广明为昌水侯,后将军(赵)充国为营平侯,大司农(田)延年为阳城侯,少府(史)乐成为爰氏侯,光禄大夫(王)迁为平丘侯。赐右扶风(周)德、典属国(苏)武、廷尉(李)光、宗正(刘)德、大鸿胪(韦)贤、詹事(宋)畸、光禄大夫(丙)吉、京辅都尉(赵)广汉爵皆关内侯。(刘)德、(苏)武食邑。[①]

从此份诏书可见,凡是废刘贺帝位、立刘病已为帝有功的大臣,无不加爵进封增邑户,已逝者则提高其子的待遇。不在这些诏书之列的还有张敞,当时因急切劝谏刘贺而扬名,也提升为豫州刺史。这是宣帝笼络人心的手段,也可能是与霍光商议的结果。

九月,大赦天下,赏赐各侯王,就连吏卒与民间的鳏寡孤独者也都得到一点赏赐。

刘贺被废后,余波仍在震荡。宣帝即位后,侍御史[②]严延年立即上书奏劾:"大将军霍光擅自废立君主,无人臣礼,实属不道。"[③]这名官员真够大胆,说了大实话,也许他以为宣帝能立即掌权。奏书后来虽被搁置不议,但"朝廷肃然敬惮之",满朝文武官员莫不对严延年肃然起敬,就连那些权臣对他也要害怕几分。史书上未见霍光对他进行过什么报复,说明他说出了大家

①(东汉)班固:《汉书》卷八《宣帝纪》第八,中华书局1962年版,第239-241页。

②侍御史:属御史大夫,属员有十五人,受理公卿奏事,举劾按章。

③(北宋)司马光:《资治通鉴》卷二十四《汉纪十六》,中华书局1956年版,第792页。

传奇刘贺

想说的话,霍光有所忌惮,不敢触犯众怒。

严延年,字次卿,东海下邳(今徐州附近)人。他的父亲曾任丞相掾,他从小在丞相府学习法律,通过考核被提拔为御史掾,升任为侍御史。汉宣帝赏识他,任命他为平陵县县令,后为丞相掾,改任河南太守。他注重削弱豪强势力,扶助贫弱。严延年身材短小精悍,处事精敏,就算子贡、冉有精通政事,也不见得比他高明。

十一月十九日,立许平君为皇后。当时大将军霍光的女儿霍成君,是昭帝皇太后,即上官太后的姨母。起初,公卿大多迎合霍光与霍光夫人显,提议立霍成君为皇后。汉宣帝不便明言,便下诏寻求微贱时的一柄宝剑,大臣们心领神会,知道宣帝是借旧剑喻患难时相濡以沫的结发妻子许平君,于是纷纷奏立许平君为皇后。可见宣帝还是笃于夫妻之情而不改,并未上那些迎合霍光的诸臣圈套。

说起来还有一段故事,许平君的父亲许广汉,是昌邑(今山东金乡)人,年轻时担任过昌邑哀王刘髆的侍从官。后随汉武帝出游到甘泉宫,误取别人的马鞍放到自己的马背上,事情被发觉,执法者将其定为盗窃,受宫刑,于是许广汉便做了宦者丞[1]。刘病已(即后来的汉宣帝)被寄养于掖庭,与许广汉同室而居。因掖庭令张贺的说合,许平君和刘病已于元凤六年(前75)成婚。次年,生下儿子刘奭,即后来的汉元帝。许平君被立为皇后,大将军霍光

---

①宦者丞:为宦者令之副,佐令掌宦者。见《汉书·百官公卿表上·少府》。

自然是非常恼怒,存心报复,以许平君的父亲许广汉是罪人为由不予封侯,直至一年多后才封他为昌成君。

本始元年(前73)春正月,招募资产在一百万以上的郡国吏民迁移到昭帝墓地平陵。派出使者持朝廷符节,晓谕郡国二千石一级的官员要谨慎理政,以德化被于百姓。大将军霍光向宣帝叩请还政于君,宣帝谦让再三,仍委霍光以大任。

可是在这一年的四月,发生了一次大地震,古人往往视地震为上天示警。幸好五月有凤凰集于胶东,这是祥瑞降。于是诏令大赦天下,赏赐官员爵加一级。就连燕刺王太子刘建也被立为广阳王,广陵王胥的少子刘弘被立为高密王。

当年曾坚决支持霍光废刘贺的田延年,是阴谋政变的主要参与者。宣帝即位后,田延年因"决疑定策"有功而被封为阳成侯。但他在霍光势力的荫庇下,专横跋扈。有一次,田延年不知什么缘故,手持兵器在宫中冲撞了皇帝的车队。这是一个很小的摩擦事件,并没有扩大激化。后来,又是忠直敢言的侍御史严延年上书弹劾田延年,说他"持兵干属车"。田延年死不认账,上书辩解,说严延年是诬告。这件事由御史中丞负责调查,不但没有追究田延年,反而指责严延年:"看见大司农田延年冲撞车队,为什么不传令宫门,阻止他出入?"还找了严延年另一项罪过,要置他于死地,严延年只好逃离了长安。

茂陵的富户焦氏、贾氏等人,曾经花费了几千万钱,收购木炭、芦苇等修造坟墓的物资,蓄积起来,想卖个高价。汉昭帝年纪轻轻就忽然去世了,皇室事先并没有预备好修造陵墓的物资。主管财政的田延年,不肯花钱从商人手里购买,反而向皇帝上奏,说焦氏、贾氏等商人蓄积建陵物资非法,应该全部没收。汉宣帝不知究竟,也就同意了,焦氏、贾氏等人赔了个血本无归。焦氏、贾氏这些富户于是恨极了田延年,私下出钱让人调查田延年的罪行,伺机报复。田延年不肯花钱购买物资,要依靠诏令没收人家的材料,似乎是替朝廷省了费用,但在别的方面,他却凭借手中的财政大权,巧做手脚贪污。替汉昭帝修建陵墓,要运输大量沙土,需要大量租用民间的牛车。拉一车沙土,要付给百姓一千钱的租金。田延年采取报虚账的手法,一车沙土计两千钱。前后共拉了三万车沙土,在大司农府报销了六千万,其中三千万装进了他的私囊。焦、贾两家富商,花了许多钱,掌握了田延年贪污的真凭实据,便上书告发。汉宣帝下诏命丞相调查这宗贪污大案。霍光是田延年的主子,自然要表示一下关照。他把田延年召到府中询问,说:"如果真的贪污过,我就想办法替你遮掩。"田延年居然抵赖说:"我本是将军门下小吏,蒙将军厚恩才能封侯,怎么会干那样的事情呢?"霍光阴森森地瞟了他一眼,说:"既然你没有干过,那我就只好让人一查到底了。"

御史大夫田广明为田延年求情,他对太仆杜延年说:"《春秋》之义,将功抵过。废黜昌邑王刘贺时,若非田延年之言,大事不成。现在由官府拿出三千万替田延年赎罪,这有何不可呢?请您把我这愚戆的话,转告给大将军。"

太仆杜延年将他的话禀告霍光。霍光说:"确实如此,田延年也确实是勇士。当年他慷慨陈言废刘贺时,其声威震动朝廷。"因而举手抚胸说："是啊！田延年当时的那番话把我吓得至今心还在跳。谢谢御史大夫田广明，告知田延年，到狱中听候审理，自有公议。"霍光说这番话，说明他当年的心虚，但至今已无意再保田延年。也许，因为田延年曾参与他的宫廷政变谋划，是重要的知情人，若能"灭口"，正中霍光下怀。

田广明通知了田延年，田延年却不肯主动到监牢去，他羞愧地说道："多谢官府宽恕我。但我有什么脸面到监牢里，让大家笑话我，让狱卒们唾我的背脊吗？"他把自己关在家中斋舍里，披着衣衫，露出半边臂膀，手持一把刀来回走动，不知道想干什么。过了几天，使者召唤田延年到廷尉署接受审讯。田延年听见院外逮捕人的鼓声大作（类似于现代的警笛开道），就横刀自刎了。

昌邑王刘贺在帝位期间，广陵王刘胥故伎重施，让巫师祈祷诅咒刘贺，盼望他下台。

刘贺被废后，刘胥认为女巫李女须灵验，更加信任李女须等人，屡次厚赏财物。得知太子刘据的孙子刘病已做了太子，自己做皇帝已无希望，叹息说："我始终不能被立为帝啊！"于是下令暂停女巫的诅咒活动。倘若刘胥此时帝王梦破灭后改弦更张，还可在王位上善终，可是后来又出了意外。刘胥儿子刘宝为南利侯，因为杀人，被朝廷撤除爵位后回到了广陵。刘宝是个纨绔无赖，回家后，和刘胥的姬妾左修通奸，事情被揭发，他被押入大狱，论罪当弃市。广陵王相又上奏，将原属刘胥私产的一些草地分给贫民耕种，朝廷准奏。儿子被杀，一些土地又被夺去，刘胥对当朝天子心生怨恨,又使女巫们诅咒如前。数月后,诅咒案发,有司究治。刘胥惶恐至极,把二十多名女巫全部用毒药毒死,企图一次性杀人灭口。朝中大臣请诛刘胥,汉宣帝命令廷尉①进行审讯。刘胥被迫认罪,然后在显阳殿置酒,召子女、妃妾等痛饮,并鼓瑟歌舞。刘胥在席间作歌曰:"欲久生兮无终,长不乐兮安穷。奉天期兮不得须臾,千里马兮驻待路。黄泉下兮幽深,人生要死,何为苦心……"左右哭泣着为他敬酒,一直闹腾到半夜三更鸡鸣才罢休。他给王太子刘霸的遗嘱说:"皇上待我恩泽深厚,如今我负之太甚。我死后,本应暴尸荒野,若幸而得葬,薄葬可也,无须厚葬。"说罢,以绶带自缢而死,时在五凤四年(前54)正月。谥为"厉",按"谥法":"杀戮无辜曰厉。"这表明了朝廷对其一生的评判,故《汉书》中又称他为广陵厉王。刘旦、刘胥兄弟二人同是赫赫威名的汉武帝之子,皆因觊觎皇权而死于非命。如此下场,岂非天意乎?!

汉宣帝还在民间时,就听说过霍光的权势极大,内心忐忑不安。待他即位之初,霍光表示要归政于帝,但宣帝谦让没有接受,朝廷事务的决策仍先经过霍光再禀报皇帝,霍光此时权势极盛。宣帝初立时,前往谒见高庙,大将军霍光随车跟从。宣帝内心很害怕,"若有芒刺在背"②。霍光权高震主,为后来的全家族灭埋下

---

①廷尉,官名,秦朝初置,为九卿之一,掌刑狱。秦汉时期以廷尉为最高司法官。汉景帝中元六年(前144)改名大理,武帝建元四年(前137)恢复旧称。

②(东汉)班固:《汉书》卷六十八《霍光金日磾传》第三十八,中华书局1962年版,第2958页。

了祸根。《汉书》载:霍光自后元年间以后"秉持万机,及上即位,乃归政。上谦让不受,诸事皆先关白光,然后奏御天子。光每朝见,上虚己敛容,礼下之已甚"[1]。《汉书》载:"宣帝既立,光犹摄政,骄溢过制。至妻显杀许皇后,光闻而不讨,后遂诛灭。"[2]

本始三年(前71),许平君分娩后身体虚弱。当时的女医淳于衍是霍光的继室显所喜欢的人,她时常进宫为许平君看病。淳于衍的丈夫赏(姓氏不详,名赏)是掖庭户卫,赏让妻子请求霍夫人显(史籍中未载其姓)把他调到安池监任职。淳于衍有求于霍夫人显。霍夫人显便由此暗生杀心,嘱淳于衍趁为许平君治病时毒害她。淳于衍取附子并和大医大丸入宫,送许平君饮服,气转急促,很快就死了。宣帝追究太医责任,淳于衍下狱受审,霍夫人显由于害怕而向霍光坦白了此事。霍光惊骇之余,想要追究霍夫人显的责任,但最终还是碍于夫妻情分替她掩盖了罪过。霍成君最终被立为皇后,其时宣帝已怀疑许皇后是被毒死的,只是隐忍在心,慑于霍光之威而未敢强硬追查下去。

据《西京杂记》载:霍光夫人显赠给淳于衍的珍品非常多,有蒲桃锦二十四匹,散花绫二十五匹。散花绫是霍夫人显召请钜鹿县陈宝光妻到她府上特制的,用了一百二十机镊,六十天才织成一匹,一匹价值一万钱。又赠她一琲走珠,一百端绿绫,一百

①(东汉)班固:《汉书》卷六十八《霍光金日磾传》第三十八,中华书局1962年版,第2948页。
②(东汉)班固:《汉书》卷二十七上《五行志》第七上,中华书局1962年版,第1335页。

传奇刘贺

万钱,一百两黄金,并为淳于衍建住宅,赠奴婢不可胜数。但淳于衍还是抱怨说:"我为你立了何等大功,而回报仅这些吗?"①

淳于衍自恃冒着杀头的危险为霍家毒杀许平君,为霍光女儿成为皇后扫清了障碍,所以索报甚高。这段记载是夸大还是失真,已不可知,但该记载表明,两人狼狈为奸的行径在社会上广为流传。

大司马霍光秉政前后二十年。地节二年(前68)春三月庚午,霍光病重,宣帝乘车驾到了他家探望慰问,为之流涕哭泣。霍光谢恩说:"愿分国邑三千户,以封兄孙奉车都尉山为列侯,奉兄骠骑将军去病祀。"即请求将自己份下的封邑三千户分给其侄孙霍山,以继承其兄长霍去病的香火。宣帝立即嘱丞相、御史办理,即日拜霍光之子霍禹为右将军。

霍光死后,谥曰宣成侯。汉宣帝下诏厚葬霍光,派太中大夫任宣与侍御史五人持节处理丧事。汉宣帝与上官太后一同到场治丧,将他与刘邦时代的重臣萧何相比,以皇帝级别的丧葬礼制葬于茂陵。安葬时赠有玉衣、梓宫、便房、黄肠题凑②等葬具,以辒辌车载运霍光的尸柩,调"材官轻车北军五校士军陈至茂陵,以送其葬"。征发三河民工营建大墓冢,建祠堂,置园邑三百家

---

① (东晋)葛洪:《西京杂记》卷一,中华书局2022年版,第48页。

② "题凑"是一种葬式,始于上古,多见于汉代,汉以后很少再用。黄肠题凑:西汉帝王陵寝椁室四周用柏木堆垒成的框形结构,"黄肠题凑"一名最初见于《汉书·霍光传》中。根据汉代的礼制,黄肠题凑与梓宫、便房、外藏椁、金缕玉衣等同属帝王陵墓中的重要组成部分。但经朝廷特赐,个别勋臣贵戚也可使用。

守墓。霍光遗孀显犹嫌不够气派,将霍光生前安排的坟墓规模一再扩大。

当初,霍家显赫朝野。自昭帝时起,霍光的儿子霍禹与其兄的孙子霍云官至中郎将,霍云的弟弟霍山做了奉车都尉、侍中,带领一支胡越兵。霍光两个女婿为东西宫卫尉,昆弟、诸婿、外孙都做了奉朝请,诸曹大夫,骑都尉,给事中。他的势力盘踞朝廷上下。《汉书》载:"党亲连体,根据于朝廷。"①后来御史大夫与霍家争道,霍氏奴闯入御史府,竟然要踢开大夫门,御史出来赔不是,方才罢休。后来东汉辛延年有一首五古《羽林郎》还写到霍家奴在酒店的骄横霸道:"昔有霍家奴,姓冯名子都。依倚将军势,调笑酒家胡……"

霍光不在了,汉宣帝开始亲理朝政,起初尚感念霍光之功,也是为了安抚,任命霍禹为右将军,任命霍光兄之孙霍山领尚书事。陆续有人建议削除霍家权力。御史大夫魏相奏封事②说:"自后元以来,禄去王室,政由冢宰。今光死,子复为大将军,兄子秉枢机,昆弟、诸婿据权势、在兵官,光夫人显及诸女皆通籍长信宫,或夜诏门出入,骄奢放纵,恐浸不制,宜有以损夺其权,破散阴谋,固万世之基,全功臣之世。"③自后元年间以来,霍光掌握了朝廷的大权。魏相主张现在应削减霍光诸子之权,粉碎其阴谋。

---

①(东汉)班固:《汉书》卷六十八《霍光金日磾传》第三十八,中华书局1962年版,第2948页。

②封事:密封的奏章。古时臣下上书奏事,防有泄漏,用皂囊封缄,故称。

③(东汉)班固:《汉书》卷七十四《魏相丙吉传》第四十四,中华书局1962年版,第3135页。

传奇刘贺

山阳郡太守张敞上封事,大意是:"周公当年也不过是执政七年而已,而大将军霍光一直执政二十年,国家命运都掌握在他手中。这些年发生了大地震,天文也不正常,祅祥变怪,不可胜记,都是由于阴类盛长、臣下专制所造成的。陛下褒奖已故的霍光大将军,报答功德已经足够了。现在辅臣专政,贵戚势力太盛,君臣之名分不明,请求罢除霍氏侯爵,请将卫将军张安世致仕退休,霍氏代代不得为祸患。"①宣帝赞许其计策,不过他很冷静,心中有数,其时铲除霍家集团的条件尚未成熟。

汉宣帝开始着手削弱霍氏集团的势力,将大权收归己有。地节三年(前67)四月,汉宣帝立皇子刘奭为皇太子。宣帝与霍光子侄的关系逐步恶化,霍妻显毒杀许皇后的消息也开始流传开来。宣帝先采取措施,提拔自己的外戚与霍氏的政敌担任要职。架空霍家子弟的兵权,改霍光女婿、大将军范明友为光禄勋,羽林监任胜为安定郡太守,又将霍光的姐夫张朔由给事中、光禄大夫改任为蜀郡太守,孙婿王汉为武威郡太守,长乐宫卫尉邓广汉为少府,大多调离到地方上任职,夺取他们在京城的军权,扫清了霍家的外围势力。接着,改霍禹为大司马,无印绶。霍光另一女婿赵平的兵权也被剥夺,霍氏一族再也无法掌握长乐宫和未央宫的禁军。

霍氏家族惶恐之余决定反击,霍禹打算除掉刚任为丞相的

---

① (东汉)班固:《汉书》卷七十六《赵尹韩张两王传》第四十六,中华书局1962年版,第3217—3218页。

魏相与宣帝的丈人昌成君许广汉，废黜皇帝。地节四年（前66）七月，霍家谋反阴谋败露，霍禹被腰斩，霍云、霍山自杀，霍光夫人显及儿子、侄子、女婿等家人除女婿金赏因告发谋反事被赦免外，全部被杀或者自杀。八月，废黜皇后霍成君，十二年后自杀。长安城中有数千人家被牵连族灭。一时血雨腥风，然而朝野莫不称快。

《汉书·天文志》的记载，每有天人感应之说，天示惩罚之象：

> 地节元年正月戊午乙夜，月食荧惑，荧惑在角、亢。占曰："忧在宫中，非贼而盗也。有内乱，谗臣在旁。"其辛酉，荧惑入氏中。氏，天子之宫，荧惑入之，有贼臣。其六月戊戌甲夜，客星又居左右角间，东南指，长可二尺，色白。占曰："有奸人在宫廷间。"其丙寅，又有客星见贯索东北。南行，至七月癸酉夜入天市，芒炎东南指，其色白。占曰："有戮卿。"一曰："有戮王。期皆一年，远二年。"是时，楚王延寿谋逆自杀。四年，故大将军霍光夫人显、将军霍禹、范明友、奉车霍山及诸昆弟宾婚为侍中、诸曹、九卿、郡守皆谋反，咸服其辜。[1]

地节元年（前69）正月，"月食荧惑"，即月遮掩荧惑（火星），预兆宫中将有人谋乱。"客星又居左右角间"，"客星见贯索东

---

①（东汉）班固：《汉书》卷二十六《天文志》第六，中华书局1962年版，第1308—1309页。

传奇刘贺

北"，"夜入天市"，"占曰：'有戮卿。'""有戮王。期皆一年，远二年。"当时，楚王刘延寿谋逆，而后自杀。地节四年（前66），感应在霍光家族，全因谋反伏法。

甘露三年（前51），汉宣帝因匈奴归降，回忆往昔辅佐有功之臣，乃令人画十一名功臣像于麒麟阁以示纪念和表扬，列霍光为第一，但只是尊称为"大司马大将军博陆侯，姓霍氏"，偏偏不写出霍光的名字，自有褒贬之用意。

霍光这位权倾朝野的人物，汉昭帝皇后上官氏的外祖父，汉宣帝皇后霍成君之父，历经汉武帝、汉昭帝、汉宣帝三朝，期间曾主持昌邑王刘贺的立与废。去世后的第三年，霍家即因谋反而被灭族，不能不令人惊讶，也让人感叹盛极则衰，物极必反。高度集中的权力，必定导致专横与滥用权力，霍光终于遭到报应。不过话又说回来，霍光在他最有权势、最有条件时，并未冒天下之大不韪而篡位。

《汉书》的作者班固评论霍光：

> 处废置之际，临大节而不可夺，遂匡国家，安社稷。拥昭立宣，光为师保，虽周公、阿衡，何以如此！然光不学无术，暗于大理，阴妻邪谋，立女为后，湛溺淫溢之欲，以增颠覆之祸，死才三年，宗族诛夷，哀哉！①

---

① （东汉）班固：《汉书》卷六十八《霍光金日磾传》第三十八，中华书局1962年版，第2967页。

班固认为霍光虽有匡扶国家之功,但不学无术,不明白大道理,加以其妻的贪欲与蓄谋,导致身死族灭。

后来北宋史学家司马光也说:

> 霍光之辅汉室,可谓忠矣;然卒不能庇其宗,何也? 夫威福者,人君之器也。人臣执之,久而不归,鲜不及矣。以孝昭之明,十四而知上官桀之诈,固可以亲政矣。况孝宣十九即位,聪明刚毅,知民疾苦。而光久专大柄,不知避去,多置亲党,充塞朝廷,使人主蓄愤于上,吏民积怨于下,切齿侧目,待时而发,其得免于身幸矣,况子孙以骄侈趣之哉! 虽然,向使孝宣专以禄秩赏赐富其子孙,使之食大县,奉朝请,亦足以报盛德矣;乃复任之以政,授之以兵,及事丛衅积,更加裁夺,遂至怨惧以生邪谋,岂徒霍氏之自祸哉? 亦孝宣酝酿以成之也。[1]

司马光不仅指责霍光早应归政于宣帝,而且认为宣帝也有一定的责任,应让霍光享受极高的荣誉与利禄,而不应过于信任,将政权、兵权全交给霍光,以至权势太盛。待后来试图制服他的家族,却导致其家人怨恨而谋乱,这实在也是宣帝自己酿成的。司马光的分析是很有见地的。

北宋末,福建邵武人李滨老有《吊霍光》诗讽刺云:

---

① (北宋)司马光:《资治通鉴》卷二十五《汉纪十七》,中华书局1956年版,第792页。

官安胥饮贵仍骄,父子同诛逮孝昭。

博陆时方专国柄,济阴早已被弓弰。

老妻安得谋灵姬,劣女刚将冠内貂。

白云副封奇祸作,后车倾覆更萧条。

　　首联认为上官安父子、广陵王刘胥父子骄贵被杀,都是在汉昭帝刘弗陵时代伏下的祸根。次联中的"博陆"即霍光,汉武帝生前托孤刘弗陵(后来的汉昭帝)时封他为博陆侯,此时开始专擅国柄。济阴,郡名,与昌邑同属梁国,代指昌邑王刘贺,已在霍光弓箭射程之中。"老妻"讽霍光之妻显,怎能妄出谋害之策。"劣女"句即说霍光夫妻俩将自己的劣等女儿嫁给宣帝。"内貂",华贵皮帽,喻显贵,言其女被立为霍皇后。"白云副封"谓霍光当年谋杀了上官桀、上官安,挟持汉昭帝;霍禹又打算复制这一事件,准备杀掉丞相魏相与宣帝的丈人昌成君许广汉,废黜皇帝,终于招致灭族之祸。不重视前车之鉴,后行者终至车翻人亡,身后萧条。既是讥讽,也是叹惜专制擅权导致的堕落。

　　汉宣帝是中国历史上有名的贤君,在位期间,全国政治清明,社会和谐,经济繁荣,"吏称其职,民安其业",史称"孝宣之治"。还有史家称其治政时期是汉朝国力最强盛、经济最繁荣的时期。在以制定庙号、谥号严格著称的西汉史中,汉宣帝刘询是四位拥有正式庙号的皇帝之一。

　　在人治而非民主的时代,一个贤明的君主,是国民的福祉;相反,一个暴虐的或胡作非为的皇帝,则会给一个国家带来意料不到的折腾与灾难,从汉武帝的晚期政治可见。无疑,辅弼君主的重臣,或贤,或不贤,也关系到一个国家统治之安危,历代难得有明君与贤臣的最佳组合。若是君弱臣强,在权臣的摆弄下,皇帝成不了气候不用说,甚至结局也是可悲的,从汉昭帝、汉废帝的遭遇即可知。

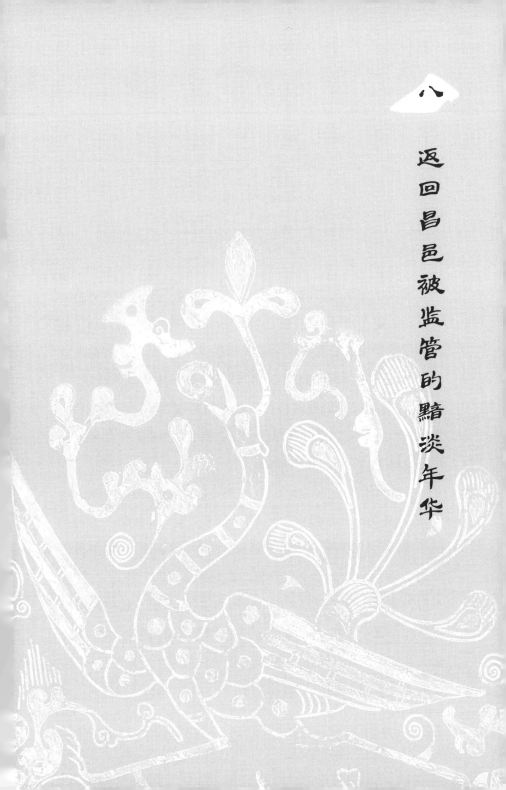

八

返回昌邑被监管的黯淡年华

再说在元平元年(前74)六月底,以迅雷不及掩耳之势将刘贺废黜的霍光,安排了一辆旧车羸马,将刘贺送回昌邑。当年随从刘贺到长安的二百多人全被关押在狱中,等待他们的是被杀的下场。身边没有了前呼后拥的臣仆,好不凄凄惶惶,冷冷清清,他就像被拔去羽毛的公鸡。西望长安,思前想后,几番号啕大哭,撕心裂肺,如何不懊悔自己曾走错了几步棋?又如何不恨那位专横跋扈的霍光呢?

　　当刘贺的车马经过济阳郡、快到昌邑城时,忽闻猫头鹰的叫声,阴森森的。西行长安之前,这一带未曾有过猫头鹰。待到了昌邑故宫,忽然又听到更多的猫头鹰在叫,此起彼伏,仿佛将树林都摇动了一般,是那么的恐怖。据说猫头鹰的叫声不吉祥,他不由得联想起汉文帝时文臣贾谊所作的《鵩鸟赋》,赋中说:"予去何之?吉乎告我,凶言其实。"贾谊向猫头鹰请问:"我将到何处去?是吉兆请告诉我,是凶兆也请说明凶灾是什么?"此后,摆在刘贺面前的命运,仍是凶多吉少。

刘贺居住在昌邑废宫中,平日深居简出。如大梦初醒。他也明白,万一有过错,恐怕惹来杀身之祸。所以他不敢表示不满,不敢乱发议论。经过当年雷霆般的震慑,他那放纵的个性终于得到收敛。而今的谦恭与小心翼翼,与少年的轻浮与狂纵判若两人。

东晋大诗人陶渊明的眼光是敏锐的,最早将刘贺的遭遇写入诗中:"山阳归下国,成名犹不勤"(《述酒》)。即用刘贺被废、昌邑除为山阳郡故事,托言晋恭帝被废为石阳公。[1]

其时昌邑国已被撤销建置,改由山阳郡监管,偌大的旧王宫,只剩下部分臣仆在守护看管。刘贺不免感到空旷冷清,时而闷闷不乐。其时,当年昌邑哀王刘髆留下来的张修等十一名歌女舞女们红颜渐衰,而今看到这里不景气,便纷纷提出要回家,但是太傅傅豹坚决不同意,强行挽留。尽管留在这里增加了开销,却能让爱好歌舞、器乐的主人变得稍为开心一些。傅豹的做法可谓用心良苦。

幸好,刘贺的财产均归还给他,未受到任何损失。官府严格遵照太后诏书上所说的"故王家财物皆与贺。"[2]刘贺父子二代财物积累极为丰厚,甚至还有可能是来自刘贺祖母、武帝的李夫人的珍宝,或许有当年汉武帝所赐。二代单传,财富惟有刘贺继承。从后来在南方的海昏侯墓出土大量文物来看,有不少是昌邑

---

①逯钦立校注:《陶渊明集》,中华书局1979年版,第104页。

②(北宋)司马光:《资治通鉴》卷二十四《汉纪十六》,中华书局1956年版,第787页。

海昏侯墓出土的玉器

宫里的金器、玉器、绢、漆器等,制作精美。有博山炉、青铜雁鱼灯、青铜鼎、錞于、编铙、编钟。还有战国缶和西周提梁卣各一件,足以说明刘贺在故国喜欢收藏并鉴玩古董,这些珍品后来又从昌邑国带往南方。

由于废除了昌邑王国的建置,刘贺的待遇也降低了不少。但"汤沐邑二千户"的待遇,较一般侯爵要高出一倍。所以他上书感谢皇太后的仁厚,恩波浩荡,有出土木牍为证:"昧死再拜上书太后陛下。"这是向年轻而守寡的太后真心表白,至死不忘其恩波浩荡。可怜这位仅仅做了二十七天皇帝的王孙公子,哪里还有复辟的梦想,而且也无能力东山再起,遇上这么精明能干的汉宣帝,多年来一直处于山阳郡官署的严密监管之下,余生真的是战战兢兢,如履薄冰。

按照山阳郡的规定,刘贺所住的王宫府,只准开旁边的小门,不准开正面的大门。每天早上开门,由一位廉吏领了刘贺的钱,为他家购买生活必需品并负责送进去。其余时间,不得随便开

传奇刘贺

门，不得有外来人随便出入。为了保证做到这一点，还用刘贺的钱雇了士卒在王宫周围巡逻，名义上是"察往来者"，"以备盗贼"，实际上是"令其宫中清静，不得妄有异人也"。即便刘贺的姐妹们要来看望他，也得事先得到官府的批准。

地节三年（前67），霍光死后，宣帝开始亲政。此时他并未忘记昌邑故宫中的堂叔刘贺，对其不放心，害怕刘贺东山再起，威胁他的江山坐不稳，"废王贺在昌邑，上心惮之，徙敞为山阳太守。"[①]任命张敞为山阳郡太守，有一重要职责，就是要监管刘贺，时常看看他在那儿干了些什么。

山阳太守张敞何许人也？他是河东平阳人，起初是个有点秩级的乡官，后补为卒史，为郡守的属吏。由于为官清廉，又先后补任为甘泉仓长、太仆丞，可以说，是从基层实干起来的官吏，颇得当时的太仆杜延年器重。昌邑王刘贺嗣位为帝时，他为汉朝前途也为刘贺担忧，上书直言进谏。但作为皇帝的刘贺，并未能意识到迫在眉睫的危机。未过多久，刘贺即被废黜。而张敞因劝谏的言行而出了名，被擢为豫州刺史。后来他多次上书言事有见识，宣帝得知他忠心耿耿，值得信赖，提拔为太中大夫。但后来，张敞由于守正不阿，得罪了霍光，受到排挤，被派去主持军队出行核减用度开支之事，大材小用，又将他调去担任函谷关的都尉。直至霍光不在了，宣帝很快就起用了张敞为山阳太守。

地节四年（前66）五月，"山阳、济阴雹如鸡子，深二尺五寸，杀

---

① （东汉）班固：《汉书》卷七十六《赵尹韩张两王传》第四十六，中华书局1962年版，第3217页。

二十余人,飞鸟皆死"①。这在史家班固看来,是天降灾异于刘贺所在的故昌邑国以示警。

元康二年(前64),汉宣帝刘病已为了百姓避讳方便,改名刘询。这时距他登位已有十年,霍氏集团已被他铲除,天下渐渐安定了。为了消除潜在的不稳定因素,他亲笔写了一份秘密玺书,派使者赐给山阳郡太守张敞:"诏令山阳太守:要谨慎防备盗贼,监察往来过客。不要向下级透露了这条诏令!"既要严密监控,又不要泄漏密令,目的很明显,就是怕走漏了风声,让刘贺有所提防。

张敞接到诏书后,不敢怠慢,连忙据实详细上奏刘贺平日活动的了解情况,并汇报他到任一年零四个月后曾有一次登门察访的所见所闻,有如秘密调查报告,看他被废后有无改过自新的表现。这份《条奏贺居处》翻译成白话即如此:

臣张敞,在地节三年(前67)五月到任山阳郡。前昌邑王仍住在从前的昌邑王宫中,在里面的奴婢共有一百八十三人,平日关闭大门,只准开小门,仅有一个清廉的小吏向刘贺领取钱物,然后到市场上采买物品。每天早上送一趟食物进去,此外不得随便进出。官府派了一名督盗,专门主管巡查,察看往来行人。用以前王府的钱雇请士卒,守卫宫室。宫中设置屏障,防备盗贼。臣张敞屡次派郡丞与僚吏

---

①(北宋)司马光:《资治通鉴》卷二十一《汉纪十七》,中华书局1956年版,第816页。

传奇刘贺

前去巡察。

地节四年(前66)九月中,臣张敞进去观察他的情况。这位前昌邑王二十六七岁,脸色青黑,小眼睛,鼻端尖而低,胡须稀少,身材高大,患痿症①,行走不便。穿着短衣大裤,戴着惠文冠,佩带玉环,在头发中插着一支簪笔,手里拿着一块木牍。得知我到府上来了,他赶快迎上前来谒见。臣张敞与他坐在庭中谈话,看到了他的妻子与奴婢。臣想用话头挑动他,观察他的心意,就用恶鸟试探他,说:"昌邑这地方有很多猫头鹰。"前昌邑王缓慢地回答说:"是的,以前我西行到长安,这里根本没有猫头鹰。回来时,东行到了济阳,居然听到猫头鹰的叫声。"

臣又看到他的子女手中拿着一条辔绳,试问了一下,前昌邑王竟然吓得跪下来说:"手持辔绳的女儿母亲,是严长孙的女儿。"我才知执金吾②严延年,字长孙,女儿罗绀,原来是前昌邑王的妻子。我观察前昌邑王的衣服、言语、跪拜举动,不狂似狂,并不聪慧。他有十六个妻妾、二十二个儿女,其中十一个儿子、十一个女儿。臣已将他们的名字、户籍与奴婢、财物登记簿册一一查验。臣在前一次曾经上书说:"昌邑哀王的歌女、舞女张修等十一人,没有子女,又不是姬

①痿症:肢体筋脉弛缓,软弱无力,不得随意运动,日久而致肌肉萎缩或肢体瘫痪为特征的疾病。导致痿病的原因非常复杂,感受外邪,情志内伤,饮食不节,劳倦久病等均可致病。

②执金吾:秦汉时率禁兵保卫京城和宫城的官员。本名中尉。其所属兵卒也称为北军。武帝太初元年(前104),改名为执金吾。

妾,只是良人,没有官名,昌邑哀王死后,应当放她们回到自己的家。太傅豹等擅自强行留下来,认为是昌邑哀王园中人。我认为按法不当留,请求放她们回家。"这位前昌邑王听到后说:"宫中人守陵园,病了的不要给她治疗,互相杀伤的不应当处罚,本来就想让她们快点死,太守为什么却想放了她们呢?"可见他的天性就是喜好败乱伤亡,始终看不到有什么仁义的表现。后来丞相、御史把我的条奏呈报上去,皇上批示后,她们才被送回家了。①

山阳郡守张敞是一位尽责而又细心的官员。他写的奏疏原文浅显直白,甚至夹有白话口语。在秦汉文章中,描写如此生动、语言如此浅俗的妙文还不多见。我们从其奏疏中可以想见这位被废黜帝王的日常生活,是谨慎的、不事声张的。

得知过去曾劝谏过他的太守大人车驾已到,刘贺恭恭敬敬地前来谒见。刘贺的谦卑模样,较之早年的放纵无羁,已判若两人。正史中极少描绘君主及诸侯王的长相,但保留在《汉书》中的这份奏疏使我们得见其尊容,不妨将其原文摘录于此以供读者玩味:"故王年二十六七,为人青黑色,小目,鼻末锐卑,少须眉,身体长大,疾痿,行步不便。衣短衣大绔,冠惠文冠,佩玉环,簪笔持牍趋谒。"此种形貌举止,"望之不似人君",无威仪,很低调,落魄而有几分清高。张敞之所以要对这位故王刘贺神

①(东汉)班固:《汉书》卷六十三《武五子传》第三十三,中华书局1962年版,第2767—2768页。

传奇刘贺

态与行动作一番形象的描绘,乃是因为刘贺青年在位时,宣帝身在掖庭,并未见过刘贺。

张敞故意说这个地方有不少猫头鹰,挑起话头,看看刘贺作何反应。因为猫头鹰是不吉祥的禽鸟。刘贺的回答有言外之意:进长安之前,这里是一派祥和气象。被废后返回昌邑时,经过济阳时,开始出现猫头鹰的不祥叫声。他的回答颇为得体。

与刘贺坐在庭中交谈之后,张敞还得要查验他的妻妾儿女。刘贺有妻妾十六人,子女二十二人,男女各半。当张敞的目光注视到手持辔绳的女儿时,刘贺竟吓得面色惨白,跪下来告知他,女儿罗绁的母亲即他的妻子,就是执金吾①严延年的女儿啊! 很可能这位严延年就是当年的昌邑国臣,随从刘贺入长安,被任命为执金吾,最后又被霍光下令杀害。所以说到前妻之女,刘贺仍害怕追究、牵连到她。

《汉书·酷吏传》中还有一位严延年,字次卿。就是那位敢于上奏弹劾霍光、令满朝"肃焉敬惮"的侍御史。《汉书》还记载了他与张敞的关系:"是时张敞为京兆尹,素与(严)延年善。敞治虽严,然尚颇有纵舍,闻延年用刑刻急,乃以书谕之。"②

两人的关系友善而治政作风有不同,后者更为苛严。有人认为西汉昭宣时期不存在两个严延年,酷吏严延年,字次卿,就

①执金吾:本名中尉,西汉时率禁兵保卫京城和宫城的官员,并兼管武器及典司刑狱。

②(东汉)班固:《汉书》卷九十《酷吏传》第六十,中华书局1962年版,第3667—3670页。

海昏侯墓出土的编钟

是执金吾严长孙。不同的两个字,是严延年在仕途不同阶段的标识。但这种说法勉强,两人的字号不同,职务完全不同。且刘贺之妻父若是敢于弹劾霍光的严延年,势必被人认为是刘贺的岳父而必定早就遭到审讯。由此可见,这一位严延年,应不是刘贺的岳父。还有人考证过,酷吏严延年,本来姓庄,因《汉书》作者避东汉明帝刘庄之讳而改姓严,正如西汉还有一位庄助,也是为避讳而改姓严。如此则酷吏严延年与刘贺前妻父必非同一人,此一疑案还有待治史者考证。

刘贺还跪着向张敞呈报了王宫内妻妾奴婢的登记簿与财物簿子,这些是必须交由地方官查验的,防止有非法人员进来,有非法之财。从张敞的报告中,宣帝因而得知刘贺妻妾众多,子女也不少,开支浩大。

张敞还要向宣帝报告的是,从前昌邑哀王刘髆留下来的十

传奇刘贺

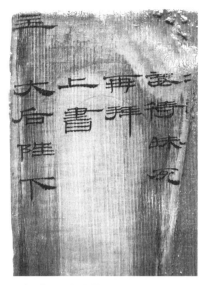

海昏侯墓出土的木牍

海昏侯墓出土的伎乐俑

名歌舞女。刘髆既已不在，这十名歌舞女仍留在王宫内守园子似乎无人道，故曾上书皇帝，请求批示遣散她们。但刘贺得知后却说："又不需要为这些歌舞女治病，也不要处置互相殴斗杀伤者，让她们早点死掉，不必急着遣散她们。"由此张敞认为，"此人本性喜好乱亡，始终不见有仁义的表现。"但他按照皇上的批示，已坚决将这十名歌舞女遣散了。

张敞观察刘贺的衣服、言谈与跪立，得出的看法是"清狂不惠"。唐代颜师古注《汉书》此处"清狂"两字，引苏林之言曰："凡狂者，阴阳脉尽浊。今此人不狂似狂者，故言清狂也。或曰：色理清徐而心不慧曰清狂。清狂，如今白痴也。"这里的一种解释是不狂似狂，刘贺本是放逸不羁者，自从被废遭受沉重打击后，表面上看似无所谓、满不在乎，其实神智正常。从轻狂到清狂，可说是很大的转变。这是刘贺给张敞的印象。还有一种解释是表面看来是轻狂但心地不聪慧，有如白痴。"不惠"就是刻薄寡恩，此不免贬损之辞，他是要让宣帝放心，像这样的落水者，是成不了大气候的。后人还有诗嘲笑刘贺为白痴："可怜汉武之子孙，凋零败亡多丧身。幸有孑遗继大统，尚留白痴笑后人。"这首诗的意思是：汉武帝诸子孙，凋零败亡，大多丧命。幸好有孑遗刘病已（汉宣帝）继承了汉朝大统，只是留下刘贺这个白痴，让后人讥笑。此诗讥为白痴，近乎恶诋。也许，苏林的解释并不靠谱，跌了跟头的刘贺，内心是清醒的。

这份报告还汇报了他对刘贺衣着服饰、模样的观察情况："衣短衣大绔，冠惠文冠，佩玉环，簪笔持牍。"刘贺戴的是上古武官所戴的惠文冠，附蝉为文，貂尾为饰，相传是战国时赵惠文王所制，故名。身佩玉环，也不失其高贵的身份。何谓"簪笔"？在头顶上的冠前插笔。《史记·滑稽列传》："西

海昏侯墓出土的青铜缶

门豹簪笔磬折。"张守节正义:"簪笔,谓以毛装簪头,长五寸,插在冠前,谓之为笔。言插笔备礼也。"颜师古在《汉书·武五子传》中注此语云:"簪笔,插笔于首也。""持牍"即手持木牍。可见刘贺在闲居的岁月中,是勤于写作或记录的,现在海昏侯墓中出土的木牍之多,也有了印证。报告中提到有十名歌舞女留在王宫里,这也许与刘贺爱好歌舞音乐有关,现在出土文物中有成套的编钟、琴、瑟、排箫、伎乐俑等也可以为证。

经过大起大落的刘贺,在山阳度过十一年清淡寂寞的岁月。也许霍光家族被铲除的消息传来,他有丝丝快意,并敬佩他的堂侄刘病已较他隐忍性要强,并有谋略,有手腕,但他在政治上不再有何期盼。为了打发时光,他有时下围棋,有时鉴赏古文物等,有时赏玩精美玉器。他应有他的艺术情趣与文化修养,这与《汉书》中所记载的那位不读诗书的刘贺形象颇有距离。

张敞画眉

看了张敞的奏章，汉宣帝知道刘贺被废黜后的消沉，并无企图也无能力谋乱。"上由此知贺不足忌"，原来刘贺是一个不值得猜忌与担心的落水者，对皇权构成不了威胁，心中的一块石头才落了地，但对他的境遇又有一丝怜悯之情。宣帝向以仁厚著称，他将恢复这位堂叔的待遇，并在生活上作一些改善。

这位负有特殊使命而又非常干练的张敞治理山阳郡，颇著政绩。山阳郡原为昌邑国，地方安定，夜不拾遗，经济繁盛，户数有九万三千，人口达到了五十万，仅有七十七个盗贼尚未抓捕归案。而渤海郡、胶东国盗贼群起，张敞自告奋勇，主动向朝廷要求前往治理，被任命为胶东相。张敞下车后，恩威并施，"由是盗贼解散，传相捕斩，吏民歙然，国中遂平"。①宣帝大加嘉奖，提拔

---

①（东汉）班固：《汉书》卷七十六《赵尹韩张两王传》第四十六，中华书局1962年版，第3220页。

传奇刘贺

为京兆尹①。每逢朝廷中有重大事情商议时，他总是博引古今，想得出合乎实际的实施办法。可是，众人对张敞也有不同看法。如他不摆官架子：有时朝廷议事结束后，他骑马经过章台街，让御史驱赶马，自己又用便面拍打马②。有时早晨起来，还提笔为他的夫人画眉毛。长安城里传说张京兆的眉毛美观，有官员向皇帝报告张敞的风流。宣帝询问张敞有无这些事，他回答说："闺房里，夫妇间，比画眉毛更风流的事儿还多着呢！难道光画画眉毛就算了吗？"这也就是"张敞画眉"故事的由来。

央视新闻

为你种草
汉代美妆好物

内部绘有甲虫图案

釦银

贴金

2024年
10月19日
农历九月十七

釦银贴金动物纹漆笥sì
南昌汉代海昏侯国遗址博物馆藏

2024年10月19日，央视新闻"每天认识一件文物"报道：西汉贵族阶层无论男女都很重视形象管理，化妆器具十分讲究。海昏侯刘贺的化妆盒——釦(kòu)银贴金动物纹漆笥(sì)，以黑漆为底色，红漆勾勒纹饰，云气纹和珍禽瑞兽穿插排列，颜值超高，代表了西汉漆器制作的巅峰水平。这款化妆盒也是收纳神器，小巧便携，可以单独摆放，也可收纳在柜子里，美观又实用。

①京兆尹：古代官名，为三辅(治理京畿地区的三位官员，即京兆尹、左冯翊、右扶风)之一。相当于今日首都的市长。秦以内史掌治京师，汉武帝时分置左右内史，太初元年(前104年)改右内史为京兆尹，分原右内史东半部为其辖区，因地属畿辅，故不称郡。职掌相当于郡太守，但参与朝议，治所在长安。
②便面：古代用以遮面的扇状物。

且说这十一年间，刘贺还经营了一件大事，即修筑寿墓，这也是历来帝王侯生前经营的大事——修筑陵墓。在今山东省菏泽市巨野县城东南23千米处，附近500米左右的禹梁山，即有刘贺父亲昌邑哀王刘髆的陵墓。刘贺修筑的墓洞规模不小，后世称为金山大洞，人工开凿工整，犹如鬼斧神工，令人惊叹。由明道（墓道）、侧室、耳室及主室组成，总长89.8米，最宽处28米（今东西侧室）。洞内冬暖夏凉，气候宜人。一脉清泉自石中渗出，悬流不断。墓道壁有宋、金及历代摩崖刻字41处。

　　但刘贺做梦也未料到，他将被封为海昏侯，离开故土。来到陌生的江南，生不得归昌邑故国，死不得入此圹，所以此墓也就一直闲置而荒废了。

九

改封海昏侯的最后岁月

也就在山阳郡太守张敞上书汉宣帝的次年，即元康三年（前63）三月①，汉宣帝下诏说："朕曾经听说，舜的弟弟象有罪，舜为帝，后来封他在有鼻之国。骨肉之亲虽然分离，但毕竟同出一根。现在封前昌邑王刘贺为海昏侯，食邑四千户。"

　　侍中兼卫尉②金安上书劝谏说："刘贺已是上天舍弃的人，陛下极为仁厚，又封他为列侯。但刘贺是个愚顽放逐的废弃之人，不可让他奉行宗庙及入朝廷行朝见天子之礼。"

　　汉宣帝接受这一建议。按汉朝礼制，王侯每年必须到长安向天子朝贡，到宗庙祭祀列祖列宗，上朝廷拜见天子。但刘贺因

---

　　①刘贺封为海昏侯的时间，《资治通鉴》胡三省注中有一小小的考订，《考异》曰："（《汉书》）《王子侯表》，贺以四月壬子封。《宣纪》，贺封在丙吉之前，按是岁四月癸亥朔，无壬子，表误。"

　　②侍中：职官名。秦始置，列侯以下至郎中的加官，没有定员，为丞相之史，以其往来东厢奏事，故谓之侍中；西汉时又为正规官职外的加官之一，文武大臣加上侍中之类名号可入禁中受事；汉武帝以降，地位等级超过侍郎。卫尉：始于秦，为九卿之一，汉朝沿袭，为统率卫士守卫宫禁之官。

犯有严重过失,是废黜者,放逐者,应禁
止他到长安来,不得谒宗庙祭祀,不得拜
见天子。

汉宣帝这一处理的手段极为高明,
念及骨肉之亲,刘贺毕竟是他的堂叔,而
且他夫人许平君的父亲许广汉,是昌邑
(今山东巨野)人,当年还做过刘贺父亲
刘髆的侍从官。父女两人的户籍还属昌
邑国。而堂叔刘贺倘若未再封爵,在山
阳郡官吏的监管下,行动极不自由,且家
眷三十八人、故吏奴仆一百八十三人,坐
吃山空。封刘贺为海昏侯,有了一定身

海昏侯墓出土的镈于

份与等级,不再受山阳太守那般严厉的管制,这也显示了宣帝的
仁慈宽厚。放置于江南,则用心之苦不难揣测,南方交通不便,
土广人稀,海昏侯在那里无号召力与影响力,力单势薄,对他不
会造成什么威胁。

刘贺接到诏令后,感谢皇恩浩荡,不敢怠慢,赶快安排随同他
南下的人员,并指挥奴婢眷属在故王宫府中整理大批物品,忙碌了
数天,然后择吉日,率领他的大队车马向着江南进发。这一队伍除
5辆木质彩绘车和20匹马外,还雇用了一些车马,车上满载仪仗用
的兵器,昌邑王喜爱的乐器、漆器、金器以及仪仗用的兵器等,还有
生活用具如餐具等。从现在出土的车马坑来看,马车有大量制作
精美的金饰件,配有镈于、青铜铙和键鼓,印证了汉代车舆出行

制度，足证当时工艺的先进。正如《盐铁论·散不足篇》中引文学之言曰："微舆短毂，烦尾掌蹄"，"错镳涂彩，珥靳飞铃"。汉代车马出行之华贵与炫耀由此可窥一斑，何况这是王侯等级的车马。

既然是车队出行，必然是以陆行驿道为主，这一行程势必要花去一两个月。南行的路线今不可知，有可能经过今河南、湖北，越过古彭蠡泽。对于一个习惯北方平原生活的王侯公子，前途在他眼里，是那么漫长、艰难，心中的怅惘、懊悔、苦闷，可想而知。这与当年狂奔入京做皇帝的感受简直有天壤之别。然山穷水尽，忽又峰回路转时，愁郁的心中便开朗了几分。途中地方官员的接待，也还算是客气，给他带来一丝丝慰藉。

刘贺前往封国，到达目的地，接受豫章郡太守的管辖。郡太守依照诏令，将海昏县划出归海昏侯管理，成为海昏侯国。豫章郡太守对这一位有

车马坑

着特殊身份的王侯,也必然比较宽容。

西汉高祖五年(前202),设置豫章郡(郡治南昌),管辖十八县:南昌、庐陵、彭泽、鄡阳、历陵、余汗、柴桑、艾、赣、新淦、南城、建成、宜春、海昏、雩都、鄡阳、南壄、安平。县治一般设在靠近江河湖泊处,或是交通便利、有军事战略意义之处,这十八个县大多在彭蠡湖、豫章大江(后世称赣江)周边地域。

汉初,豫章郡隶属淮南王国。孝文帝时代,豫章郡转归吴国,吴王刘濞曾为充实财力派人到豫章郡之西山采矿。景帝三年(前154),汉景帝采纳晁错的削藩策略,"削吴之豫章郡、会稽郡"。"七国之乱"平定后,豫章郡直属朝廷。汉武帝元封五年(前106),分置13个部州,每州派一名刺史,巡察所部郡国,有权"省察治状,黜陟能否,断治冤狱"。豫章郡属扬州刺史部。

海昏县在彭蠡湖西南。康熙十四年(1675)版《建昌县志》载:"故海昏县治在芦潭东北二里许。"即在今永修县吴城镇西五十里许的芦潭,豫章郡治之北一百六十里处。今永修县吴城镇西五十里许有芦潭,湖水退则遗址现。海昏县范围包括后来的永修县、武宁县、新建县、安义县、新吴县(今奉新、靖安)一部分。[①]《汉书·地理志》中的海昏县,唐代颜师古注曰:"即昌邑王

---

① 东汉永元十六年(104),从海昏县析出建昌县。中平二年(185),又分海昏、建昌地设新吴、永修二县。直到南朝宋元嘉二年(425),废海昏县,移属建昌(建昌于明代划出部分地方,分别入安义县、靖安县,民国初年建昌县改名永修县)。北宋太平兴国六年(981)始置新建县,县治石头津,属洪州,这一大块土地划入。所以现在海昏侯墓以及紫金城遗址均在新建区境内,距豫章郡治南昌不远。

贺所封。"司马彪《续汉书·郡国四》中的豫章郡,刘昭注引《豫章记》云:

> 豫章郡　高帝置,洛阳南二千七百里。二十一城,户四十万六千四百九十六,口百六十六万八千百六……
>
> 南昌　建城　新淦　宜春　庐陵　雩都　南野　南城　鄱阳　有鄱水、黄金采　历陵　有傅易山。余汗　鄡阳　彭泽　彭蠡泽在西　柴桑　艾《左传》哀二十年吴公子庆忌所居。　海昏侯国　在昌邑城。《豫章记》曰:"城东十三里,县列江边,名慨口,出豫章大江之口也。昌邑王每乘流东望,辄愤慨而还,故谓之慨口。平都侯国,故安平。石阳　临汝永元八年置。建昌　永元十六年分海昏置。①

这里未另列海昏县,有可能海昏县在汉宣帝诏书下达之后改为海昏侯国。

海昏因何得名,史志向无片言只字的解释,这里只能作些揣测。《释名·释水》:"海,晦也。主承秽浊,其色黑而晦也。"陆德明《释文》:"海者,晦也。"疑以彭蠡泽之大而色深形容为海。"昏",《说文》:"昏,日冥也。"会意,字从日,从氏,氏亦声。"氏"义为"基底""基本面""受物面",引申为大地、地平面。"氏""日"会意,表

---

①范晔《后汉书》九十卷无志,南朝梁时刘昭注《后汉书》时补入司马彪《续汉书·志》三十卷,《后汉书·志》第二十二《郡国四》并注引雷次宗《豫章记》。中华书局标点本则以《后汉书·志》编于范本《后汉书》后。

传奇刘贺

示太阳已下到地平线以下。"昏"字与"旦"相对。综合得名之义,乃日落于湖的西面。

应该说,海昏侯国是豫章郡境内地理位置较好的一方土地,地势较为平坦,丘陵相间,实乃肥饶之地。国都城地处南昌东北、赣江入湖口的中途,便于官府控制。水网密布,在海昏侯国出入运输物资也很便利。侯国与县同一级别,而海昏侯是有特殊身份的王室成员,食邑四千户,收入较在山阳郡的二千户提高了不少。比《汉书》记录刘贺同时代一般的侯食邑二千户也要高出一倍。而官员呢?一般来说,御史食邑有二千户,部中在二千户以下。食邑多少,往往根据其地位与功劳而定。这些归其所属的农户,须向主人交纳赋税,不必再向地方官府交纳。《汉书·货殖传》载:"秦汉之制,列侯封君食租税,岁率户二百,千户之君则二十万,朝觐聘享出其中。"[1]这也就是说,将有四千户直接向海昏侯国交纳租税,是交纳钱而非粮食。平均每农户大约每年须交二百钱,则海昏侯国可收八十万钱。本来这些收益,除供侯国开支外,还要供王侯作朝见皇帝、祭祀高庙宗祠等开支。不过,既然不准许刘贺进京,这笔费用也许就省下了。作为侯国,还有私下奉养的一笔收入,可以占有田地、奴婢及征收园池商市税,供其私用。

再将海昏国这一带水系略作介绍:赣江下流绕南昌城西北,再北流而分为三支:南支过扬子洲南,过尤口、滁槎、赵家围,在

①(东汉)班固:《汉书》卷九十一《货殖传》第六十一,中华书局1962年版,第3686页。

梅溪口与老抚河、信江西支相汇入鄱阳湖;中支过扬子洲北,经过成新、楼前、大口湖,在朱港入鄱阳湖;北支东北行经樵舍、昌邑、黄家渡往东北至吴城镇,于望湖亭前汇入鄱阳湖,这是最重要的一条航道。修江自西来,流经古艾(古代建昌县治所在)城,至永修县涂家埠附近,与发源于奉新的南潦河与源于靖安的北潦河相汇,至吴城镇望湖亭下,亦汇入鄱阳湖。

但在西汉时期,还未形成今日鄱阳湖的形状。前身彭蠡泽[①]水域是北阔南窄,在彭泽县与安徽大雷湖至星子县(今庐山市)一带,上承九江来水,较宽阔。而在彭蠡泽西南,接近赣江处,则为稍窄长的湖域,当时吴城还在湖域中。

据《晋书》载,东晋大兴元年十二月(319年1月),"地震,水涌出,山崩"。又同治版《南昌府志》载,大兴元年二月(318年3月)豫章西阳地震山崩。强烈地震导致古彭蠡湖底发生剧烈地质运动。至隋唐时代,彭蠡向东南扩展,直至饶州鄱阳县附近,后世遂称鄱阳湖。演变过程中,汉时郪阳县治与古郪阳平原被淹没,在彭蠡泽西的海昏县治所在的芦潭因地势低洼被淹没,南朝宋元嘉二年(425)废海昏县。吴城水域却日渐隆起,并形成大片的沉积洲。故古谚云:"沉郪阳,起吴城。"又谚云:"沉了海昏县,浮起吴城来。"而早在此前的东汉时,在海昏地域已分别另设置建昌、永修县。

也许,对于海昏侯刘贺来说,江南这一方土地,以前虽未曾

<hr/>

①彭蠡泽,即彭蠡湖,为鄱阳湖古称。

传奇刘贺

来过,但还不至于太陌生。因为他的祖父汉武帝南巡时到过长江与彭蠡湖这一带。据班固《汉书·郊祀志》载:元封五年(前106),汉武帝"浮江,自浔阳出枞阳,过彭蠡,礼其名山川"①。汉代的浔阳郡治地在长江之北。汉武帝南巡,乘船浮江,自浔阳出发,经枞阳(今安徽境内)溯长江到过彭蠡湖。祀祭名山川,未说什么山,按方位推测应是庐山。以帝位之尊,乘着巨舸,统御船队,也曾来过古江西区域山水。《汉书·武帝纪》还记载了一则故事,元封五年(前106)冬,汉武帝"自寻阳浮江,亲射蛟江中,获之。舳舻千里,薄枞阳而出作盛唐枞阳之歌"②。

司马迁也曾乘船经过长江上岸,登上庐山。《史记·河渠书》中说:"余南登庐山,观禹疏九江。"③他所著的《史记·夏本纪》中还有关于彭蠡湖的记载:"淮海维扬州,彭蠡既都④,阳鸟所居。"⑤不过在西汉时代,江南尚是地广人稀。《史记·货殖列传》又载:"衡山、九江、江南、豫章、长沙,是南楚也……楚越之地,地广人希,饭

---

①(东汉)班固:《汉书》卷二十五下《郊祀志》第五下,中华书局1962年版,第1243页。

②(东汉)班固:《汉书》卷六《武帝纪》第六,中华书局1962年版,第196页。

③(西汉)司马迁:《史记》卷二十九《河渠书》第七,中华书局1959年版,第1415页。

④都:《水经注》卷六《汾水》:水泽所聚谓之都,亦曰潴。

⑤(西汉)司马迁:《史记》卷二《夏本纪》第二,中华书局1959年版,第58页。

稻羹鱼，或火耕而水耨，果隋蠃蛤，不待贾而足。"①更不用说，当时经济尚不发达，文化相当落后，史籍中难得留下什么记载。

那个时代，南方人的出行与运输主要依靠舟船。豫章郡周围还有大树林，产巨木，所以从西汉开始，豫章郡就成为重要的造船基地。西汉刘安所著《淮南子》云："楩、楠，豫章之生也，七年而后知，故可以为棺、舟。"

海昏侯国都城又名紫金城，这是根据后来出土的墓碑文得知的。地处今南昌市新建区铁河乡一带，赣江北支之西，城址在一片缓慢起伏的平丘上。现在出土的海昏侯墓在城西北的大塘坪乡，这是符合古代规制的，墓地往往在城西。紫金城东面不远处，赣江北支之东为昌邑乡。

昌邑乡这一地名历史悠久，以昌邑城得名，在新建区城东北60公里，位于南昌市北郊的赣江之畔、鄱阳湖西汉。有游塘等11个行政村。东与恒湖垦殖场、联圩乡接壤，三面环水。北宋乐史《太平寰宇记》载：昌邑城"在（洪）州北，水路一百三十七里。"又据《古今图书集成·南昌府》记载："昌邑王城，在府城北六十里。《豫章记》：'汉故昌邑王贺封海昏侯居此，就国筑城。'今有巡司。"又据《大清一统志》、同治《新建县志》记载，刘贺被封为海昏侯之初，始居于游塘，号为昌邑王城，后来因地势低洼有洪涝之虞而迁往紫金城。历经两千年沧桑，昌邑王城的概貌至今依稀可辨，原来城墙基础还在，城中央高而平坦的土堆应是王宫的旧

---

① （西汉）司马迁：《史记》卷一百二十九《货殖列传》第六十九，中华书局1959年版，第3268-3270页。

传奇刘贺

址。现在当地居民仍称之为"昌邑王城"。土城平面略呈长方
形，长600米，宽400米，面积约2平方千米。南墙现已改作防洪
圩堤，西墙较低，东墙与北墙保护较好，宛如小山冈。城墙由夯
土筑成，高约10米，基宽12米，设有四个城门。北墙与正中有两
个相距4米、略高于城墙的驼形土堆，即城门所在。城内采集有
饰粗绳纹的大型汉代板瓦及青灰色花纹砖。考古工作者根据调
查，确认此土城遗址就是文献中所说的古昌邑城。《新建县志·文
物古迹》中说：

> 昌邑乡游塘，汉代古城遗址。……由于该地地势很低，
> 洪水侵蚀，加之培修圩堤时，在城墙附近取土，故土城日渐低
> 毁，夯土迹象亦不显见。今城内已垦为水田，地势更为低洼，

现已不见任何文化遗存,只有东墙墙基处和西墙一隅的地势较高,尚保存着原土。……据当地群众反映,该城内1949年前曾挖出过很多铁剑、环首铁刀、铜耕、壶罐之类器物。①

有人认为,刘贺从北方来到豫章郡后,昌邑城基本建好,同治《新建县志》称其居所为石姑宫(又作石姥宫)。居住在昌邑城,是临时过渡性的行宫,海昏国都城在昌邑西北25公里的紫金城。但也可能紫金城尚未完全建好,刘贺就去世了,只有将新城留给后代居住。这当然只是一种推测,是否符合历史事实还有待于考证。

昌邑与昌邑山,都因刘贺的身份得名,地名延续二千年未改。古人迁居到新地方,怀念故乡,往往取故乡地名命名。昌邑山这一地名,在古文献中也有记载。清代王谟《江西考古录》中有"昌邑山",并转引周必大《乾道庚寅奏事录》云:"庚戌解维,过樵舍镇,宿昌邑山,辛亥抵吴城山。"②

紫金城遗址位于铁河乡陶家村,为铁河赤城古城遗址东的一处内城。城址分内城(紫金城)和外城(赤城)。外城呈长方形,外有护城河,长约2037米,宽约1759米,总面积3.6平方千米;内城位于城区东部,为宫殿区,南北长500米,东西宽185米,面积约0.09平方千米(约139亩)。城墙以黄土筑成,有4个对称

---

① 谢日新主编:《新建县志》,江西人民出版社1991年版,第521—523页。
② (清)王谟撰,习罡华点校:《江西考古录》,江西人民出版社2015年版,第41页。

马面

瓮城

鄱阳湖

城墙

花骨墩

外城

内城
（宫殿区）

祠堂岗

宫殿区的高台建筑

赣江

进入宫殿区的台阶

墈墩

苏家山

海昏侯国都城与墓葬区布局图

的城门。城墙高3米，底宽5米，断面呈梯形。城址内文化层堆积明显，厚度20～60厘米，采集到夹砂印纹陶片、灰质陶片和少量的瓦当等标本。

多年来，江西考古人员通过对紫金城——铁河汉墓群以及周边文化遗存的调查和勘探，经过对墈墩山墓园的发掘，结合文献记载和地理位置分析，基本确认面积达5平方千米的紫金城与铁河汉墓群其实就是2000多年前汉代海昏侯国的都邑遗址，即紫金城址为海昏侯国都城，城址西面和南面的高等级墓园即为历代海昏侯墓园、高等级贵族墓地和平民墓地，它们共同构成了一个完整的大遗址单元。这是我国目前发现的面积最大、保存最好、内涵最丰富的汉代侯国聚落遗址。时任江西省文物考古研究所所长徐长青在《海昏侯国考古魅力无穷》一文中写到他从海昏侯墓园往远处眺望的情景：

郁郁葱葱的密集灌木丛背后，一个巨大的方形土城——紫金城赫然映入眼帘：3.6平方公里大小，高耸的城墙蜿蜒分布在数个丘陵山冈上。在城间坡地，在稻田水塘，处处遗散着布纹板瓦和圆形瓦当；迎着太阳升起的地方，巨大的豁口恰似城门洞开，与美丽的鄱阳湖波光相连。而在城址的西南角，似乎还看得到弯弯的小路直通墎墩山墓园。

不难想见，当年海昏侯国城的建造规模之宏大。当然，这不可能仅是刘贺一代人的苦心经营就能完成的，他的后裔、侯国臣民及其子孙后代，都为这座城池的建设贡献过心血与力量。包括紫金城的外围，还有大量的汉墓，这都可说明数代人曾在此城生活过。

据《江西名胜古迹旅游博览》载：

铁河紫金城址，位于新建县铁河乡陶家村。为铁河赤城遗址东的一个内城。四周是黄土堆积的城墙，高3米，底宽5米，呈梯形。古城址南北300米，东西250米，城内是一片高低不等的农田和旱地，以及少数近代墓地。在厚约20～60厘米的文化堆积层中，采集到了夹砂印纹陶片、灰

海昏侯主墓椁室

质陶片等标本。纹饰有方格纹、网结纹、米字纹等,从陶片的
外观分析,其器形有双耳罐、陶盆、碗、缸和印着兽纹的灰陶
瓦当。根据标本分析与实地勘察,此古城址被断为汉代,据
当地墓群碑记,该地为"紫金城"。1987年,公布为江西省
文物保护单位。[1]

刘贺在海昏侯国的生活状态如何?目前限于资料,只能是
推测。他将北方昌邑国两代昌邑王积累的财富都带来了,有的
可能是汉武帝赐给第五子刘髆即刘贺父亲的宝物,也有的可能

---

[1]江西省文物考古研究所编:《江西名胜古迹旅游博览》,香港天马图书有限公司2002年版,第28页。

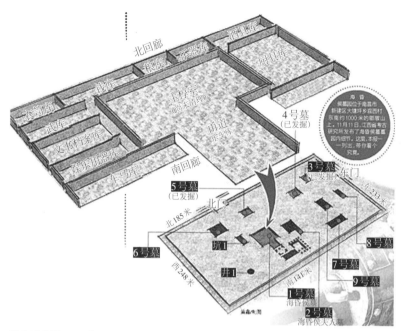

墓室示意图（2015年11月11日，江西省考古研究所发布）

是汉武帝赐赠李夫人、刘贺祖母的珍品。他深知海昏侯国将是他最后的归宿，所以到来后即着手做的大事有四件：

一是建造海昏侯国都城即紫金城，安顿好随从他来到江南的妻妾、子女与臣仆，还要在当地物色了解民情的文化人担任一定的职务。

二是在城中建造他的侯府居室。古时王侯贵胄的居室一般有东西侧室、隔间、过道等，格局分明，界限清晰。

三是在他的侯国地盘上营建上缭营。

四是筑造墓寝，在紫金城之西，如今新建区大塘坪乡境内。

2015年11月，西汉海昏侯墓考古发掘取得阶段性重大成

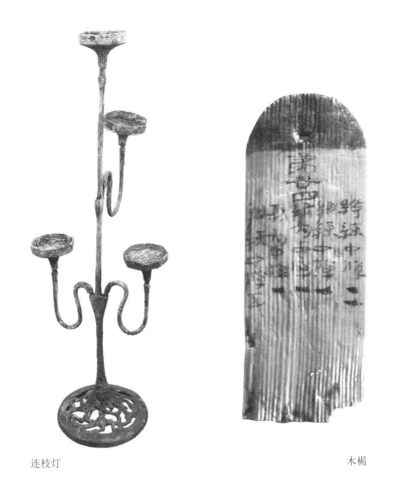

连枝灯　　　　　　　　　　　　　　　　　　木楬

果。历时近5年时间的抢救发掘,这座距今2000多年的西汉时期墓葬,出土了1万余件珍贵文物。经考古工作者的辛勤工作,至2024年,已完成出土3600枚竹简的清洗及信息采集工作,其中3000枚简牍完成了脱水保护修复工作;完成出土387件木漆器的保护修复及档案资料整理工作;完成出土59件青铜器的保护修复及修复档案整理工作。

从这些文物、墓葬形式,可以推测当年地面生活既豪侈而又

大刘记印

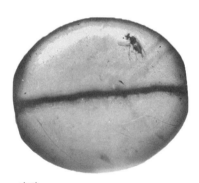

虫珀

玉饰

高贵精雅。主椁室基本格局为"前床后寝、左堂右室"。其中，椁室东室为寝，既设有棺椁，又设有屏风及床榻。墓主人下葬时进行了祭奠仪式，所以有很多青铜器、玉器等礼器。此外，椁室西室为堂，相对应的是，墓主人生前所居处也有西堂，是读书和会客的地方。

海昏侯墓结构呈居室化倾向，是目前发现的最早使用汉代葬制的西汉列侯墓，之前发现的一些汉墓多沿用楚制。其椁室面积达400平方米，由甬道、东西车库、回廊形藏阁、主椁室构成，布局完整。回廊的功能分区十分清晰：北回廊按功能区分为衣笥库、钱库、粮库、乐器库、酒具库；西回廊按功能区分为武库、文书档案库、娱乐用器库；东回廊按功能区分为厨具库；

传奇刘贺

南回廊甬道两侧为车马库;甬道按功能区分为乐车库。此外,每个功能分区均发现有属于遣策①一类带有文字的木牍和各式造型的青铜灯。其中木牍文字墨书,属汉隶,在全国汉代考古中是最集中的一次发现,说明这位海昏侯不仅豪侈,而且颇有文化修养,与史书所载的放纵形象有很大的不同。

古人事死如事生,根据报道,可以推测当年在营建他的宫室时的情景。西面有厅堂,他将北方带来的大量精美、罕见的文物,以及数以千计的竹简和近百版木牍置放于厅堂中。放置一扇绘有孔子像及生平介绍文字的屏风,像座右铭一般摆放在厅堂北面上方。

北京联合大学历史专家王楚宁认为:之前各种传世书籍都没有完整记载孔子的姓与氏,孔子屏风则明确写着孔子"字中(仲)尼,姓孔,子氏",将孔子的姓、氏、字完整记录。孔子屏风的第二列文字"鲁昭公六年,孔子盖卅矣",这就告诉后人,孔子三十岁时的准确纪年,由这一时间节点可以推算出孔子的生年为鲁襄公七年(前566)。此所载的孔子生年比《春秋公羊传》和《春秋穀梁传》记载的生年早十四年,比《史记·孔子世家》记载的早十五年。

对此,也有专家质疑,认为屏风所列文字不足以推翻有关孔子生平的大量史籍的记载,为什么当时没有人对《春秋公羊传》和《春秋穀梁传》的记载提出质疑?为什么学术史上没有留下任

---

①遣策,指古人在丧葬活动中记录随葬物品的清单,以简牍为主要书写材料。

何有关的痕迹？甚至有人认为,这块屏风是伪造的,其关于孔子年龄的说法更是子虚乌有。笔者认为,屏风不可能伪造,但记载有误则是有可能的。

我们还可想见,在刘贺的地面侯府的厅堂后面有器乐室,排列三堵悬乐。"乐器库"中有两架编钟、一架编磬。按照《周礼》中的礼乐制度,"四堵为帝,三堵为王",这是诸侯王的规制。还有若干具琴、瑟、排箫、笙。有一张瑟的一端写有"二十五弦瑟"题记,这是目前出土的罕见有文字标识的汉代乐器。

在东面的前室一间是书室,藏有上刻"大刘记印"的龟形大印,还有三把金丝缠绕的玉具剑。金丝缠绕是为了显示剑主人身份的尊贵。在他桌上,放置两方砚台。还有大量玉饰、虫珀、动物纹样贴金漆器。在他桌上放置了一把书刀、两方砚台。一方是方形的青石砚,一方是长方形的黛砚,后者是古代女子画眉毛时的必备品。将一种称为石黛的青黑色矿石放到黛砚上,用黛杵捣成细粉,用水调和成画眉颜料,再用眉笔描到眉毛上。

东面后面一间是寝室,分别摆放两张有2米多长的床榻与坐榻,多组屏风、几案。对此,海昏侯墓考古发掘专家组组长、中国秦汉考古学会会长信立祥是这样分析的:"汉代的榻分为坐榻和床榻,按照事死如事生的丧葬习俗,说明墓主生前经常使用床榻。"刘贺曾患有比较严重的风湿病,行动不便,床榻的发现和史料记载的"疾痿,行步不便"相吻合。

不妨还可想见,当年刘贺的床榻四围,布置有帷帐、帛画等丝织品,有三枚排放的龙形金属挂钩。墙的四壁还挂有精美的两件透雕玉饰。玉饰图案均为龙、凤、虎三种动物，其中一块为圆形、青玉质地，另一块为椭圆形、白玉质地。这些玉价值连城，正如考古专家张仲立所说："玉器是身份等级的标志。在汉代秉守礼制的形态下，佩饰玉是身份和财富的象征，玉佩饰越精美，代表着其主人身份越高贵。"

海昏侯墓出土的围棋盘

当时已有较为精致的丝织物，上有小绣花。这些小得像花穗一样的汉代纹饰，绣在丝织物上。

有了出土的大量酒具、乐器、书籍（竹简），我们不难想见当年这位落魄的海昏侯，在兴致所至时，饮酒、奏乐、歌吟的场景。

回过头再来看刘贺其人，少年为昌邑王期间，《资治通鉴》中记载：他"不好书术而乐逸游"，喜好驰猎游玩，放纵自己，未能做到"考仁圣之风，习治国之道，诉诉焉发愤忘食，日新厥德"①；未能如郎中令龚遂所劝："坐则诵《诗》《书》，立则习礼容。"②至于在

①（北宋）司马光：《资治通鉴》卷二十四《汉纪十六》，中华书局1956年版，第776页。

②（北宋）司马光：《资治通鉴》卷二十四《汉纪十六》，中华书局1956年版，第778页。

竹简

昌邑王身边时常出现妖异之兆；出现没有尾巴的白毛狗、王宫中出现熊、血迹污秽王座等异兆。后来刘贺立为皇帝时，还梦见宫殿西阶侧的板瓦遮盖大堆的"青蝇矢"，这些妖异之兆其实都是荒诞不经的，毫无科学根据，既是当时阴阳五行之说的氛围所致，也是臣下用以讽谏王的手段，然而这些怪异现象无疑大大丑化了

木牍奏章（上有"南藩海昏侯臣贺昧死再拜皇帝陛下……元康四年"等文字）

传奇刘贺

刘贺的形象。而从现在陵墓中的出土文物如竹简《论语》[1]、孔子像、编钟等来推测，刘贺应是读过诗书、习过礼仪、受过儒家思想学说影响的文化人。

　　青年时的刘贺，嗣位为帝，未有掌控政局的能力，大量任用昌邑旧臣，企图改变霍光党羽"根据朝廷"的格局，犯了大忌，因而被废，个中缘由，本书第五章已有所分析。但设想一下，如果不是因有霍光的强势，将他撵下台，他照旧能坐稳皇位数年。中国历史上，在"家天下"的专制王朝，即便无德无能，也能统治天下多年的皇帝并非少见。

　　刘贺后来被废为民，回到昌邑，在山阳郡官员的监管下，他

---

[1]据《江西考古》报道，出土竹简《论语》已亮相新版初中历史教材。

五铢铜钱

五铢钱

是谨小慎微的,是"夹着尾巴做人的"。被废后在故乡十一年,也许是一个放纵青少年走向成熟的青壮年期。他在闭门思过中读书、写作、抚琴、弈棋,从中提高艺术修养,陶冶情操。出土文物中有 19×19 的围棋盘。还可推测,他是个收藏文物、积聚财富的高手。

出土文物中有琴、瑟等,按《汉书》所载,他的祖母、汉武帝所宠爱的李夫人是当年的"明星",祖母之兄李延年是音乐大师。刘贺应是有音乐禀赋并酷爱音乐者,在长安主持汉昭帝丧仪期

间,就擅自动用乐府的乐器,招引乐人,击鼓吹弹歌唱,作俳倡之乐。后来无论是在昌邑废宫还是在海昏侯国闲居时,都有余暇抚瑟习琴。

　　刘贺得到最高统治者的体恤,封为海昏侯,来到江南的海昏侯国,他对宣帝王朝是服从的,对朝廷规章制度基本上是遵守的。现在墓中出土四块有"南藩海昏侯臣贺　元康三年酎金一斤"字样的墨书金饼,按照西汉的"酎金律",宗庙朝聘时,诸侯"以民口数,率千口奉金四两"。刘贺在封为海昏侯的第一年应准备好"酎金"去宗庙献祭,可是据宣帝诏令,刘贺不可奉行宗庙及入朝廷行朝见天子之礼,这些金饼也只有留存直至成为随葬品。

　　还有"元康四年""南藩海昏侯臣贺昧死再拜皇帝陛下""妾待昧死再拜上书呈太后陛下"等字样的木牍奏件,这正是当年刘

麟趾金

马蹄金

贺夫人在海昏侯国生活时向皇帝、皇太后的报告物件,说明他每年要向天子进贡,还要奏报自己的近况,向他的侄辈、比他还年轻的皇帝表白其忠心不二,而且自言为"南藩",是分封在南方的臣服之国。但这些木牍奏件为何未能送交皇帝与皇太后,原因不详。

从"妾待昧死再拜上书呈太后陛下"字样的木牍奏件,我们仿佛看见刘贺这位夫人的身影。正史中,未见有刘贺夫人的任何蛛丝马迹。但刘贺的遭遇,必定使她备尝艰难。她陪伴刘贺从遥远的北方来到南方的江湖之滨,患难与共。她以女人的身份上奏身处皇宫之上的皇太后,也许是为了表示至死不忘皇太后当年眷顾刘贺而不至于流放汉中的大恩大德。其实皇太后同样是可悲的,没有子嗣,守寡一生。高官显赫的祖父上官桀和专横的外祖父霍光两家都在政治漩涡中遭到灭族之祸。她的晚年是何等的凄凉,内心是何等的酸楚,也许她与刘贺夫人能够惺惺相惜。最能系念他们的情感是,皇太后在名义上是刘贺的义母,除此之外,太后并无什么亲人。

传奇刘贺

青铜盉

提梁尊

　　在宫室之后,还有一处仓库,库存了大量的五铢钱。现在出土的五铢钱,约有400万枚,重达十吨。猜测可能是食邑四千户交纳的租税钱,不可能千里迢迢运载如此重量的物品到南方来。铸五铢钱用铜,始于武帝时代,"自孝武元狩五年三官初铸五铢钱""铸作钱布皆用铜,淆以连锡"。①汉代豫章郡产铜,在本书的第一章,即介绍了吴王刘濞曾派人在南昌西山采铜铸钱。在今江西瑞昌市及附近的湖北大冶市,都有战国时代的采铜坑遗址。所以海昏侯墓中出土的铜镜、五铢钱也有可能是在江南一带制造的。有一青铜豆形灯上刻有"南昌"两字,则说明这些铜器是在南昌制造的。

----

　　①(东汉)班固:《汉书》卷二十四下《食货志》第四下,中华书局1962年版,第1177—1179页。

2015年12月22日,在海昏侯墓主棺清理现场,考古人员在主棺的内外棺之间发现了金板,共有20块,这是汉墓考古金板上首次发现的金板。专家表示,这是目前西汉墓葬考古中保存最完整、数量最集中的一次金板文物的发现。"金板是海昏侯墓的首次发现,也再次体现了墓主身份的尊贵。"汉代海昏侯墓考古发掘领队杨军如是说。据了解,西汉时期有一项与黄金有关的纳贡制度,就是酎金。每年八月,天子祭祀宗庙,大会诸侯王、列侯,而诸侯王、列侯必须供金助祭,因此这次大祀叫做饮酎或者酎祭。据南昌汉代海昏侯墓考古发掘专家组组长信立祥推测:"这些可能是还没进贡的金板被放在墓穴里。"如果金板上面没有文字和纹饰,说明是个人储藏的。宣帝封刘贺为海昏侯时,还有一项禁令,刘贺不能到长安来朝贡并祭祀汉家祖庙,是否因此而减少了这一笔开支呢?此有待史学家进一步考证。

还有报道说:"12月24日,考古工作人员在南昌西汉大墓主棺的外棺里面提取了多件马蹄金和金饼。备受关注的南昌西汉大墓自本月15日进入主棺清理阶段后,持续受到社会广泛关注。被列入2015年国家重大考古项目的南昌西汉大墓,经过5年考古发掘,已出土2万余件珍贵文物,创下多个首次和'考古之最'。"现场专家为之惊叹,用"汉代考古之最"来评价出土文物之多而且珍贵。

又有报道说:"12月27日,西汉海昏侯墓的临时文保用房里,文保人员正在清理前25日在主棺南侧发现的金板、马蹄金等金器。记者在现场看到,马蹄金分大小两种,大马蹄金分别刻有'上''中''下'三种文字,对此专家还未得出完整结论。记者了解,25日下午,南昌西汉海昏侯墓主棺椁的外棺和内棺之间的金器全部被提取出来,其中金饼96枚、马蹄金33枚、麟趾金15枚,另外还有金板20块,此次出土的金板,长约23厘米、宽约10厘米、厚约0.3厘米。加上此前在主椁室出土的金器,截至目前,海昏侯墓出土金器已超过370件,重量已超过78公斤。其身家之丰厚,已超出历史的记载和专家的预料。"

　　如此之多的黄金,足可说明他的富有程度,但这些黄金究竟是从山东昌邑国带来的,还是在海昏国陆续购存的? 笔者以为,制作精美的马蹄金、麟趾金有可能是从北方带来的,而金饼、金板则有可能是在南方制作的。当时豫章郡出产黄金。《史记》记载:"江南卑湿,丈夫早夭,多竹木,豫章出黄金。"徐广注释:"鄱阳有之。"《史记正义》引《括地志》曰:"江州浔阳县有黄金山,山出金。"[1]西汉时即发现金矿并得到开采。黄金的出产,为这一带增殖了财富。《汉书·地理志》:"鄱阳,武阳乡右十余里有黄金采。"[2]师古注:"采者谓采取金之处。"《郡国志》云:"鄱阳之上出金坡,沙淘之,粒大者如豆,小者如麸。亦生银苗于山中。"按当时价:"黄金重一斤,直钱万。朱提银重八两为一流,直一千五百

　　①(西汉)司马迁:《史记》卷一百二十九《货殖列传》第六十九,中华书局1959年版,第3268页。
　　②(东汉)班固:《汉书》卷二十八上《地理志》第八上,中华书局1962年版,第1593页。

八十。它银一流直千。是为银货二品。"①"直钱万",即值一万钱。在鄱阳邻县德兴,很早就有金、铜冶炼业,也有可能是墓中黄金的出处。

至于厨具库里青釉色的盛酒器、饮食用的陶器,用具应是豫章郡当地所制造,而那些饮食物品也产于南昌一带。

笔者以为,确实有一部分珍贵青铜器、乐器、漆器是从北方带来的。现在墓中椁室出土了礼仪重器青铜鼎,有十鼎,足证刘贺的身份高贵。鼎是最重要的青铜器物种之一,周代至秦时期,鼎是庄重与神秘的礼器,被视为传国重器。但至西汉,对用鼎已无明文制度的规定。还有出土报道说:"在外棺与内棺之间发现极为精美的漆箱,上面用金箔贴出人物和动物的精美图案花纹。在一个圆形竹笥内发现一个造型、工艺都达到极致的玉璧。"像这样制作繁复而精致的鼎、编钟、蒸馏器、雁鱼灯、漆箱、玉璧,在当时的豫章郡,似乎无此工艺水平。从某种意义上来说,刘贺无意中把不少的北方文明带来了大江以南的豫章郡。

西汉上层社会的生活豪侈,尤其是封国食邑王族、侯爵,依靠食邑内农户的供养,过着骄奢淫逸的生活,连汉成帝也承认:"方今世俗奢僭罔极,靡有厌足。公卿列侯亲属近臣,四方所则,未闻修身遵礼,同心忧国者也。或乃奢侈逸豫,务广第宅,治园

---

①(东汉)班固:《汉书》卷二十四下《食货志》第四下,中华书局1962年版,第1178页。

传奇刘贺

主墓室三维影像图

池,多畜奴婢,被服绮縠,设钟鼓,备女乐。"[1]即如外戚王凤及王氏五侯,"争为奢侈,赂遗珍宝,四面而至;后庭姬妾,各数十人,僮奴以千百数,罗钟磬,舞郑女,作倡优,狗马驰逐;大治第室,起土山渐台"[2],奢侈到了极点。他们死后,还要实行厚葬,时尚如此。即从今日出土的文物来看,尽管作为落魄的王侯,其财富之多、物品之贵重,墓葬规模之大,也是令人叹为观止的。

刘贺还真不愧是经营财富的高手,他在昌邑城之西还建造

---

①(东汉)班固:《汉书》卷十《成帝纪》第十,中华书局1962年版,第324—325页。

②(东汉)班固:《汉书》卷九十八《元后传》第六十八,中华书局1962年版,第4023页。

了一座营堡——上缭营，用以拱卫海昏国。清代王谟《江西考古录》对此亦有一番详细的考证：

　　按：《通志》："建昌县南十七里有上缭营，汉昌邑王贺所筑。"地颇险要，在三国时最为强盛。《吴志·孙破虏传》曰："豫章上缭宗民万余家，策劝刘勋攻取之。"《魏志·刘晔传》载："策以书说勋曰：'上缭宗民，数欺下国，忿之有年矣。击之，路不便，愿因大国伐之。上缭甚实，得之可以富国。请出兵以为外援。'勋信之，晔谏曰：'上缭虽小，城坚池深，攻难守易，不可旬日而举，则兵疲于外而国内虚。策乘虚而袭我，则内不能独守。是将军进屈于敌，退无所归。若军必出，祸今至矣。'勋不从，兴兵伐上缭，策果袭勋，败之。"虞溥《江表传》："勋遣从弟偕告籴于豫章太守华歆。歆遣使将偕就海昏上缭，使诸宗帅共出三万斛米以与偕。"又"太史慈从豫章还，谓孙策曰：'子鱼不惟不能谐庐陵、鄱阳，近自海昏上缭壁有五六千家相聚结作宗伍，惟输租布于郡，发召一人遂不可得，子鱼亦睹视之而已'。"今上缭营即所谓上缭壁也，一作上僚。雷次宗《豫章记》曰："上僚有亭，亭侧有二百家。"《水经注》曰："僚水导源建昌县，又径海昏县，谓之上僚水。"一作上辽。《豫章古今记》："上辽津在海昏县东二十里，津西有石姑宫，汉昌邑王贺所居处。①

---

　　①（清）王谟撰，习罡华点校：《江西考古录》，江西人民出版社2015年版，第21—22页。

传奇刘贺

王谟博引清《江西通志》、陈寿《三国志》、虞溥《江表传》、南北朝雷次宗《豫章记》、北朝郦道元《水经注》等资料，说明刘贺当年建的这一营堡所处地势险要，出产丰饶。后来在东汉末年军阀混战时，上缭最为强盛，虽然小，但"城坚池深，攻难守易"。刘勋领军进攻上缭时，却被孙策从后面乘虚偷袭而兵败。再后来，豫章太守华歆派遣将领到上缭，动员诸宗帅出三万斛米支援他们，说明这里丰饶，盛产稻米，成为当地宗族豪强势力据有之地。上缭营究竟在哪里？沧桑变化，今已不可考。东汉永元十六年(104)，在海昏县西南增立建昌县。揆之方位，上缭营应在今永修县城之南。《水经注》中的"僚水"，即潦河，发源于奉新的南潦河与发源于靖安县的北潦河，合流后至永修县与修江合流。有一种可能，上古时潦河与修江尚未合流，而是径直流入彭蠡湖。"上辽津"即在此水入彭蠡湖之处。"辽"同"僚"。津西的石姑宫即昌邑城，在今昌邑乡游塘村之处。

海昏侯要做的最后一件大事便是营造生圹。生圹又称寿域、寿坟。要选在风水好的地方，认为死后能惠及子孙后代，在吉日良辰营造。动土前先要祭山神，然后方能挖土动工。汉代尤重厚葬，不仅海昏侯如此，当时的上层贵族都如此。据同治《新建县志》记载："昌邑王刘贺，既废之后，宣帝封为海昏侯，东就国，筑城于此；海昏侯刘贺墓在昌邑城内，有大坟一所，小坟二百许。"《清一统志》记载："海昏侯刘贺墓，在新建县北昌邑城中，大冢一,小冢二百许,旧名百姥冢。"①

刘贺营筑的陵墓在紫金城西北,可能他来到海昏之初,就着手兴建了,他已料到他不可能返回北方的昌邑。工期应有数年,如果没有较长时间惨淡经营的筑造,也就不可能达到如此大的规模。这座西汉大墓从外观上看,似乎仅仅是个比周围高出几米的土丘。封土高达7米,呈覆斗形,封土下有大型夯土基座,平面呈方形。墓室平面为"甲"字形,东西长17.17~17.34米、南北宽17.09~17.15米,深约8米,其中椁室深约2米,墓室总面积约400平方米。墓葬椁室,设计严密、布局清晰,功能分区鲜明。整个墓园四周有墓园墙,有东门与北门,东门直通海昏侯国都城——紫金城。

刘贺营建了大规模的海昏侯国都城与陵墓,说明他有相当的能力管理这一侯国。换言之,他在海昏侯国期间,虽然身体状况不佳,却仍是有所作为的,他的臣仆是忠诚事主的,办事是高效率的,否则,在地疏人生的南方,如何能完成得了如此艰巨的浩大工程。也可能对食邑下的人民有压迫、剥削的一面,但目前无法得到史料的证实。

对于刘贺大起大落的遭遇,今人应具理解之同情,才能一步步走近真实的刘贺,了解其人生浮沉的真实处境,窥探其内心世界。

刘贺先是蒙皇太后恩诏,被废后回到昌邑尚享有食邑二千

---

① 转引自卢汉、许智范、温乐平:《江西通史·秦汉卷》,江西人民出版社2008年版,第69页。

传奇刘贺

户;后蒙汉宣帝恩诏,重新起用为海昏侯,而且食邑四千户,较一般侯爵等级待遇要高出不少,毕竟身份不一般,做过十多年的昌邑王,又做过短暂的皇帝。在海昏侯国,较之被废后在昌邑废宫,这是一块天高皇帝远的沃土,心情稍加放松,不至于有官府经常派人来监视他。但来到土广人稀的大江以南、卑湿的江湖之畔,无论是气候还是饮食,都有些水土不服。在他一生最后四年中,他领教了南方生活诸多的不适。春天多雨,在江滨湖畔异常的潮润,似乎衣物拧得出水,对患有痿症的他来说,加剧了他的风湿病,酸痛得只有呻吟;夏天特别的闷热,就连风也似乎是灼热的。只有秋天的晴爽,与北方不同,林木依然绿茂,使他的心情稍为舒展。冬天的阴冷最为难受,每当寒潮来时,北风从彭蠡湖毫无遮拦地呼啸着扑向海昏侯国,使得他的心田寒冷得如同结冰一般。随从他来南方来的人,有的已先他而故去,葬于异地他乡,更触发他内心的阵阵悲怆与懊恨。

在仆从的搀扶下,刘贺多次登上舟船,顺水而下,一直到了赣江入彭蠡湖处。面向波涛汹涌的大湖,遥望东北,怀念数千里之外的故土,望不到尽头,他愤慨得击楫大呼。他在天水之间尽情释放他的不满,在昌邑废宫中,墙外有眼,哪里敢如此淋漓尽致的宣泄。随从的亲信仆从们愀然动容,悲从心来,也不禁号啕大哭,泪流如注。《水经注》记载了因刘贺愤慨而产生的地名:"其水东北径昌邑城而东出豫章大江,谓之慨口。昔汉昌邑王之封海昏也,每乘流东望,辄愤慨而还,世因名焉。"①慨口究竟在什么地方?据明代《新修南昌府志》云:"慨江口,在(新建)县北八十里。源发于宁县(今修水县),建昌(今永修县),又东流六十里入慨口,与章江水合。又北流六十里,迳吴城入彭蠡湖。《旧志》:'慨江口在昌邑王城西十五里,是海昏之江别派,东出豫章大江之口。昌邑王贺再徙海昏,每乘流东望,慨愤而还,故名。'今讹为'汉口'。"②

如今,据眉兵等人到实地踏访得知,当地人所说的"汉口"就是"慨口"。在海昏侯国遗址以东,有汉口河通向赣江。结合文献记载,所谓"汉口河"即古代缭河,慨口即汇入赣江处。"海昏之江"是古代缭河的别名,但缭河很早就已断流。其上游即今南潦河,在奉新发源,经过安义到永修汇入修河,而其下游主河道原来在修河南面,从慨江口汇入赣江。然而在唐代以后,潦河上游修建了各种水利工程,如蒲陂、乌石潭陂、香陂等水坝,导致下游主河道逐渐断流消失。《新修南昌府志》所载慨江口的源头,与《水经注》记载不同,已经成为发源于武宁的修水支流,又与《旧志》所载"海昏之江别派"也不一样。显然,《旧志》记载慨口时,其源头仍属海昏江,不过当时已是海昏江的支流了。今天的慨

---

①(北魏)郦道元著,陈桥驿校释:《水经注校证》卷三十九,郦道元注"又北过南昌县西"条,中华书局2007年版,第922页。

②(明)范涞主修、胡迎建校注:万历十六年《新修南昌府志》卷三"山川",中州古籍出版社2022年版,第94页。

江口只在鄱阳湖枯水期才露出真容(《海昏"慨口"探访记》)。^①

后来的南朝梁代简文帝萧纲所作《应令》一诗,仿佛曲绘刘贺的心态:

> 蠡浦急兮川路长,白云重兮出帝乡。
> 平原忽兮远极目,江甸阻兮羁心伤。
> 树庐岳兮高且峻,瞻派水兮去泱泱。
> 远烟生兮含山势,风散花兮传馨香。
> 临清波兮望石镜,瞻鹤岭兮睇仙庄。
> 望邦畿兮千里旷,悲遥夜兮九回肠。
> 顾龙楼兮不可见,徒送目兮泪沾裳。

此诗是萧纲出都城建康赴江州任时回应皇太子萧统《示云麾弟》一诗所作,为九歌体。诗的首尾各四句渲染离别之情,中间六句写彭蠡湖一带山水,至此极目远望而伤心落泪。当年刘贺的心境应较萧纲更为悲怆。

只可怜不幸的倒霉事,又一次降临到了海昏侯刘贺的头上。班固《汉书·武五子传》中的刘贺传记述了他的一生结局。

负责督察豫章郡等地的扬州刺史姓柯,在刘贺来到封地海昏侯国的数年后,向宣帝上书,检举前任豫章太守属下的卒史^②

---

①原文载《江西文史》第24辑,江西人民出版社2022年版,第105页。
②卒史:官名。秦、汉官署中的属吏,地位比书佐稍高,秩一百石。西汉郡国每郡初有卒史十人。

《除海昏侯国诏》之"九"木牍

孙万世来到海昏侯国与刘贺的一番秘密交谈。奏书中说，孙万世问刘贺："从前将被废时，为什么不坚守在宫殿不出？如果斩杀了大将军霍光，你也就不会有如此结局，怎么任凭别人夺去了您的帝玺与绶带呢？"刘贺听到后颇有悔意，说："是的，确实是失去了机会。"孙万世接着又说，他认为有了宣帝的关怀，刘贺将会被封为豫章王，不会长久为列侯。刘贺回答说："将来也许会是这样，但这不应该是我们所谈论的。"其实，刘贺最后一句回答还是十分理智而谨慎的。

孙万世究竟是地方官员派出的探子去挖出刘贺内心世界，还是孙万世被别人发觉，被审查交代，均无从得知。但后来经监察主管部门核实，柯刺史上书反映的情况属实。也就是说，"祸从口出"，刘贺私下的确透露了后悔之意，说明他对当年的宫廷政变有相当不满的情绪，这么看来，是属于犯了严重错误而仍未改造好的王侯。于是主管部门向宣帝建议，立即逮捕刘贺。

宽厚的汉宣帝根据有关汉制，下诏

传奇刘贺

命令削去刘贺三千户食邑，也就是说，仅剩下一千户，算是从轻处理，但比在北方昌邑国时的待遇还要低。这对于正在大兴土木修造都城、陵墓的海昏侯来说，无疑是当头棒喝，这必定使他再次悔恨不已。庞大的开销如何支付，必定是他面临的极大难题。

　　神爵三年（前59），在豫章郡海昏侯国生活了四年的刘贺薨。根据后来发现的《除国诏书》，上面记录刘贺于"九月乙巳死"，推断出他的准确死亡时间在汉宣帝神爵三年九月初八（阴历，按汉武帝"太初历"计算），公历即为公元前59年10月6日。正是南昌的夏秋之际，时令水果就是香瓜。在刘贺遗骸内发现了未消化的香瓜子，也可以从侧面证明他的死亡时间。刘贺享年仅34岁，如此短寿，猜测与他一生得意与跌落的极大反差、后半生的待遇再次被削减、情绪的低落、患有痿症等

《除海昏侯国诏》言及"太守廖"木牍

糟糕状况以及在南方的不适应等因素有关。

又据南昌新建区《刘氏族谱》记载,他的夫人有两位:一位张氏,生于元封乙亥七月初六子时,建昭丙戌五月十三亥时葬同处。元封乙亥即元封五年(前106),建昭丙戌即建昭四年(前35),享年应是73岁;还有一位许氏,生于始元丁酉六月初六巳时,殁于鸿嘉辛丑十月二十五寅时,葬豫章东门之外。始元丁酉为始元三年(前84),鸿嘉辛丑即鸿嘉元年(前20),享年64岁。

新建区《刘氏族谱》记载刘贺有三子,其中刘锦为张氏所生,刘超、刘厚为许氏所生。与《汉书》所载不同。

《刘氏族谱》还记载刘贺于元康元年进封为豫章王。元康元年(前65),还在刘贺来豫章之前二年,于史无据。"封豫章王"一事,倒是与孙万世、刘贺私下密谈时说刘贺将来可能被封豫章王有些牵强关系。

《刘氏族谱》记载刘贺的殁年是在建始辛卯十月十五辰,葬于平陵之南,谥怀王。建始辛卯即建始三年(前30),依此说,刘贺享年应为71岁。所谓"谥怀王",最有可能是海昏国臣仆所议称,史书未载。

族谱材料未必可靠,聊叙以备一说。

刘贺去世还不到四十天,就有一位廖姓豫章太守上奏汉宣帝,建议废除海昏侯的世袭,翻译如下:

> 舜封象在有鼻这块地方,象死后却并不为他设立继承人,这是舜认为暴乱之人不适合成为一国的始祖。海昏侯刘

贺死后,上报他的儿子刘充国为继位者;刘充国去世了,又上报刘充国的弟弟刘奉亲继位海昏侯;刘奉亲又去世了,这是天意要断绝他的祭祀啊!陛下圣明仁爱,对于刘贺很宽厚,即使是舜对于象的恩德,也没有超过陛下。但按照礼制,刘贺的后裔不能再继承侯爵,以遵从天意,希望交给有司再商议。

汉宣帝刘询认为兹事体大,要求朝中百官讨论,众人一致赞同废除海昏侯国。随后,宣帝颁发了《除国诏书》,正式废除海昏侯国。

这一诏书后来装入木质漆盒,成为海昏侯刘贺墓陪葬品。2017年10月由文保人员在编号为1506的漆盒内发现。2021年12月30日,江西省文物考古研究院海昏侯墓考古队公布了木牍的解读成果:它就是刘贺死后朝廷下发的海昏侯国《除国诏书》。

从廖太守这一上奏来看,刘贺这两个儿子,年龄不大,就相继而去世了,死因为何不明,至少与其父亲过早逝世的打击以及生活状况日趋艰难有关。

班固除在《汉书·武五子传》中记载废海昏侯国一事外,在《五行志》中也有一段议论:"刘贺已经废置昌邑数年了,宣帝又将他封为列侯。刘贺后又犯有罪过,所以死了以后,不得再为其后人置海昏侯,这又应了狗无尾巴的祸报。"[1]当年刘贺为昌邑王

---

① 《汉书》卷二十七中之上《五行志》第七中之上,中华书局1962年版,第1367页。

时,曾看见有一条大白狗,头戴方山冠,却无尾巴,这也就是刘贺后世不得继位的感应。

但也并非如此,后来还有刘贺的后代被封为侯,可见"五行"说之无稽。

十三年之后,也就是初元三年(前46),汉元帝刘奭又封刘贺另一个儿子刘代宗为海昏侯,是为海昏釐侯;刘代宗传位给儿子刘保世,为海昏原侯;刘保世传位给儿子刘会邑。

初始元年(8)十二月,王莽代汉建立新朝时,海昏侯国被废除。直至建武元年(25),刘秀建立东汉王朝,恢复刘氏天下,又恢复刘会邑为海昏侯,但此后侯位未再传下去。

前面所述的豫章太守卒史孙万世与这位姓廖的豫章太守,是汉代江西历史上最早有名有姓的地方行政官员。西汉在江西的官员,除了这两位,似未再出现过人名。清雍正十年版《江西通志·秩官志》漏载了豫章太守廖,以致王谟以为"宜补录"。[1]

除了海昏侯墓,在紫金城东北与东南还有不少汉墓群,这应是都缘于海昏侯国,也许还有大量臣仆及其后代的墓葬。据《江西名胜古迹旅游博览》记载:

> 铁河古墓群,位于新建县铁河垦殖场场部西南方的小
> 土山上。山高30米,南北向长300米、东西向长200米。
> 山上有明显可见的大小古墓近百处,绝大部分是汉墓。古

---

[1](清)王谟:《江西考古录·海昏》,江西人民出版社2015年版,第12页。

传奇刘贺

墓群山脚四周有人工开挖的水沟,形如护城河。山中大小古墓呈四级阶梯排列,层次分明,从外向里,从低向高,墓葬规模逐步增大,最高处为主墓,直径在50米以上的有三处。墓葬中的汉砖制作工整,纹饰清晰,除通常可见的铜钱纹、几何纹外,还有许多特殊的纹饰。墓体结构统一,属同一时期有规划、有格局、有组织的官葬。1987年公布为江西省文物保护单位。①

由此即可见,海昏侯国在刘贺身后仍维持了较长一段时期。他的臣仆死了之后,也安息在那一片土地上,守候着昔日主人的魂灵。一处处沉寂的古墓群,同样见证着封存已久的一段历史,而今让人嘘唏感伤。

①江西省文物考古研究所编:《江西名胜古迹旅游博览》,香港天马图书有限公司2002年版,第28页。

汉武帝诸子世系图

汉武帝

- 长子 戾太子刘据（卫皇后所生）
  - 史皇孙
  - 汉宣帝刘询
  - 汉元帝刘奭
  - 汉成帝刘骜
- 次子 齐怀王刘闳（王夫人所生）
- 第三子 燕刺王刘旦（李姬所生）
  - 故太子刘建 广阳顷王
    - 穆王刘舜
    - 思王刘璜
    - 扶美侯刘嘉
  - 新昌侯刘庆
  - 安定侯刘贤
- 第四子 广陵厉王刘胥（李姬所生）
  - 太子、孝王刘霸
    - 共王刘意
    - 靖王刘守
    - 哀王刘护
    - 靖王刘宏
  - 刘圣
  - 刘曾
  - 刘宝
  - 刘昌
  - 高密王刘弘
    - 顷王刘章
    - 怀王刘宽
    - 怀王刘慎
- 第五子 昌邑哀王刘髆（李夫人所生）
  - 昌邑王，汉废帝，海昏侯刘贺
    - 长子 海昏侯刘充国
    - 次子 海昏侯刘奉亲
    - 海昏釐侯刘代宗
    - 海昏原侯刘保世
    - 海昏侯刘会邑
- 第六子 汉昭帝刘弗陵（赵婕妤所生）

传奇刘贺

附录二

刘贺生平大事年表

天汉四年(前97),改山阳郡为昌邑国。[①]汉武帝第五子、李夫人所生的刘髆成为第一代昌邑王。

太始四年(前93)七月二十五日,刘贺生于昌邑国(在今山东省境内)。[②]有姐妹四人。

后元元年(前88),刘贺五岁。

正月,父亲刘髆薨,谥号哀王。按"谥法":"恭仁短折为哀",《汉书》中称为昌邑哀王,葬禹梁山。刘贺嗣位为昌邑王。

后元二年(前87),刘贺六岁。

刘贺在昌邑国为昌邑王十五年。

汉昭帝刘弗陵在位时,刘贺派了一位中大夫往长安。"昭帝

[①](东汉)班固:《汉书》卷二十八上《地理志》第八上,中华书局1962年版,第1570页。

[②]后来山阳郡太守张敞看望刘贺时写有奏书:地节四年(前66年)"九月中,臣张敞入视居处状,故王二十六七。"由此推算刘贺出生于太始四年(前93),在五岁接任昌邑王。但张敞所见时,只是从刘贺的模样猜测其年龄,而且二十六七岁是不准确的说法。现在新建区有一部《刘氏族谱》,记载刘贺出生于元封二年(前109),若依此,则刘贺继位的年龄在二十一岁,姑且存疑。

时,昌邑王贺遣中大夫之长安,多治�注冠,以赐大臣,又以冠奴。"①

"又昌邑王国社有枯树复生枝叶。"②

先后有中尉王吉、郎中令龚遂向刘贺进忠言直谏,引经据义,痛陈祸福。

元平元年（前74），刘贺年十九岁。

夏,四月十七日,汉昭帝驾崩于未央宫,未留下后代。经霍光诸大臣商议,挑选昌邑王刘贺继承皇位。昭帝遗孀上官皇后颁诏,迎他速来长安主持汉昭帝的丧礼,派大臣乘七乘传迎来长安邸。

昌邑王刘贺接诏书后,于次日中午出发,下午晡时赶到定陶③,次日至济阳县。

经过弘农县④城时,掠民女强载于车。

至东郊霸上,驺奉驾乘舆车,请昌邑王刘贺坐上。刘贺派昌邑太仆寿成接替驺奉,郎中令龚遂居陪乘。至广明东都门,龚遂劝他依照礼制奔丧,哭泣而行。昌邑王以咽喉疼拒绝。

与大将军霍光、丞相杨敞会面行礼后,入住长安城中昌邑宅。

---

①（东汉）班固:《汉书》卷二十七中之上《五行志》第七中之上,中华书局1962年版,第1366页。

②（东汉）班固:《汉书》卷二十七中之下《五行志》第七中之下,中华书局1962年版,第1412页。

③定陶:县名,济阴郡治所在地,在今山东定陶区西北。

④弘农县:在今河南灵宝市东北。

传奇刘贺

六月一日,刘贺在昭帝灵柩前接受皇帝玺绶,袭尊号,尊皇后上官氏为皇太后。在前殿主持昭帝丧礼,奏哀乐,迎候各方大臣、诸侯前来吊丧。在夜间,竟与从前的二百多个仆从嬉戏无度,擅取乐府乐器,招引原昌邑国的乐工击鼓弹唱。

六天之后,葬孝昭皇帝于平陵。返回未央宫,刘贺登前殿敲钟击磬,召泰一宗庙乐人鼓吹弹唱,取三太牢祀奉食品。驾车扬旗,在北宫、桂宫外奔驰不已。又启用玺书,派使者持节去昌邑国,以三太牢祀的规制在昌邑哀王园庙私祭生父,并称嗣子皇帝。

刘贺登基后,征召原昌邑国的大批旧官属入长安,越级提拔。"往往超擢拜官"[1]。龚遂劝刘贺驱散左右两旁的小人。太仆丞张敞上书进谏皇上,痛陈"辅国大臣未见褒奖,昌邑国人却先迁升提拔"。其时,侍中傅嘉也数次向刘贺进谏,竟被缚绑,关押于狱中。

刘贺带着仆从出外巡游,舆车刚出宫门,光禄大夫夏侯胜拦挡劝谏,竟被绑缚。

大将军霍光向大司农田延年征询看法,商议废除刘贺帝位。又与车骑将军张安世串通图谋。再派田延年去丞相杨敞家中征求意见。

六月二十八日,大将军霍光召请丞相、御史、将军、列侯、大夫、博士在未央宫承明殿开会商议。大司农田延年按剑强迫众

---

①(北宋)司马光:《资治通鉴》卷二十四《汉纪十六》,中华书局1956年版,第781页。

人表态。之后,霍光率众臣进见皇太后,列举刘贺种种过失。皇太后驾临未央宫承明殿,诏宣刘贺一人入内,将门外昌邑亲信全都赶到金马门外,关入监狱。

刘贺被带进后,全体肃立,尚书令宣读杨敞、霍光与群臣三十六人联名弹劾刘贺的奏章。皇太后下诏废黜刘贺,解脱其玺组,逐出金马门,霍光护送至昌邑邸。

太后下诏刘贺返回昌邑,赐汤沐邑二千户,凡从前昌邑王的家财全部归还刘贺。昌邑哀王刘髆另有四个女儿,各赐汤沐邑一千户。撤销昌邑国,改为山阳郡。

霍光下令将随同刘贺入长安的原昌邑国臣仆二百余人处以死刑。唯有三人免死:刘贺师傅王式被免死罪回家;郎中令龚遂与中尉王阳被免除死罪,罚以"城旦"之刑。

七月,立戾太子之孙刘病已为帝,是为汉宣帝。凡为废刘贺帝位立宣帝有功之臣,皆得封赏。

地节二年(前68),刘贺二十五岁。

刘贺回到昌邑故宫,深居简出,受到山阳郡官吏的监管。

此年权臣霍光病逝。

地节三年(前67),刘贺二十六岁。

其时汉宣帝即位五年,霍光去世后,开始亲政。他任命曾在长安谏劝过刘贺的张敞为山阳郡太守,成为直接监管刘贺的上司。

地节四年(前66),刘贺二十七岁。

五月,刘贺所在的山阳郡、济阴郡一带降冰雹如鸡蛋大,砸死二十余人。

九月,山阳郡太守张敞入昌邑故宫察访刘贺。刘贺恭敬接待应答。

此年,霍光家族谋反伏法,霍家集团全部覆灭。

元康二年(前64),刘贺二十九岁。

汉宣帝刘病已于此年改名刘询。派使者赐山阳郡太守张敞一份秘密玺书说:"谨慎防备盗贼,监察往来过客,不要向下级透露这条诏令!"

张敞接到诏书后,据实详细上奏刘贺平日活动的情景以及山阳郡对刘贺监管的情况,并详细奏报他曾登门察访的所见所闻。

元康三年(前63),刘贺三十岁。

三月①,汉宣帝下诏封前昌邑王刘贺为海昏侯,食邑四千户。刘贺前往封国,由豫章郡太守将海昏县划归海昏侯管理,成为海昏侯国。

刘贺在封地起初居昌邑城(在今南昌新建区昌邑乡游塘村),开始营建海昏侯国都城,后号称紫金城(在今新建区铁河乡);在城西北营筑陵墓。

刘贺遵汉制须向皇上进贡酎金,而今海昏侯墓中出土有"南藩海昏侯臣贺元康三年酎金一斤"字样的墨书金饼。正是在此年所准备的贡品。但按当年封海昏侯的处置规定,刘贺本人不得入京朝贡见天子,不可奉行宗庙祭祀活动。

---

①(北宋)司马光:《资治通鉴》考异曰:"《王子侯表》:'贺以四月壬子封。'《宣纪》:'贺封在丙吉之前。'按:是岁四月癸亥朔,无壬子,表误。"

刘贺在此愤慨不平,怀念故土。《水经注》曰:"昔汉昌邑王之封海昏也,每乘流东望,辄愤慨而还,世因名焉。"

元康四年(前62),刘贺三十一岁。

四月六日,刘贺再书"南藩海昏侯臣贺昧死再拜皇帝陛下"奏牍。如今此木牍出土,说明刘贺每年须向汉宣帝报告近况。

在此期间,豫章太守的部属卒史①孙万世秘密来访,谈及往事,刘贺流露后悔当年未能斩杀霍光之意。

神爵元年(前61),刘贺三十二岁。

此年秋大旱。

扬州刺史姓柯,他向宣帝检举刘贺与前任豫章太守属下的卒史孙万世秘密交谈时的不当言语。

有司查验属实后,向汉宣帝建议,立即逮捕刘贺。宣帝下诏削去刘贺三千户食邑,仅剩下一千户。

神爵三年(前59),刘贺三十四岁。

此年刘贺去世,葬海昏侯国都城西北墎墩山(今南昌新建区大塘坪乡)。

---

①卒史:官名。秦、汉官署中的属吏,地位比书佐稍高,秩一百石。西汉郡国每郡初有卒史十人。

附录三

《汉书·武五子传》节录刘贺部分①

昌邑哀王髆，天汉四年立，十一年薨，子贺嗣。立十三年，昭帝崩，无嗣，大将军霍光征王贺典丧。玺书曰："制诏昌邑王：使行大鸿胪事少府乐成、宗正德、光禄大夫吉、中郎将利汉征王，乘七乘传诣长安邸。"夜漏未尽一刻，以火发书。其日中，贺发，晡时至定陶，行百三十五里，侍从者马死相望于道。郎中令龚遂谏王，令还郎谒者五十余人。贺到济阳，求长鸣鸡，道买积竹杖。过弘农，使大奴善以衣车载女子。至湖，使者以让相安乐。安乐告遂，遂入问贺，贺曰："无有。"遂曰："即无有，何爱一善以毁行义！请收属吏，以湔洒大王。"即捽善，属卫士长行法。

贺到霸上，大鸿胪郊迎，驺奉乘舆车。王使仆寿成御，郎中令遂参乘。旦至广明东都门，遂曰："礼，奔丧望见国都哭。此长安东郭门也。"贺曰："我嗌痛，不能哭。"至城门，遂复言，贺曰："城门与郭门等耳。"且至未央宫东阙，遂曰："昌邑帐在是阙外驰道北，未至帐所，有南北行道，马足未至数步，大王宜下车，乡阙

---

① (东汉)班固：《汉书》卷六十三《武五子传》，中华书局1962年版。

西面伏。哭尽哀止。"王曰："诺。"到，哭如仪。

王受皇帝玺绶，袭尊号。即位二十七日，行淫乱。大将军光与群臣议，白孝昭皇后，废贺归故国，赐汤沐邑二千户，故王家财物皆与贺。及哀王女四人各赐汤沐邑千户。语在《霍光传》。国除，为山阳郡。

初，贺在国时，数有怪。尝见白犬，高三尺，无头，其颈以下似人，而冠方山冠。后见熊，左右皆莫见。又大鸟飞集宫中。王知，恶之，辄以问郎中令遂。遂为言其故，语在《五行志》。王卬（仰）天叹曰："不祥何为数来！"遂叩头曰："臣不敢隐忠，数言危亡之戒，大王不说。夫国之存亡，岂在臣言哉？愿王内自揆度。大王诵《诗》三百五篇，人事浃，王道备，王之所行中《诗》一篇何等也？大王位为诸侯王，行污于庶人，以存难，以亡易，宜深察之。"后又血污王坐席，王问遂，遂叫然号曰："宫空不久，祅祥数至。血者，阴忧象也。宜畏慎自省。"贺终不改节。居无何，征。既即位，后王梦青蝇之矢积西阶东，可五六石，以屋版瓦覆，发视之，青蝇矢也。以问遂，遂曰："陛下之《诗》不云乎？'营营青蝇，至于藩；恺悌君子，毋信谗言。'陛下左侧谗人众多，如是青蝇恶矣。宜进先帝大臣子孙亲近以为左右。如不忍昌邑故人，信用谗谀，必有凶咎。愿诡祸为福，皆放逐之。臣当先逐矣。"贺不用其言，卒至于废。

大将军光更尊立武帝曾孙，是为孝宣帝。即位，心内忌贺，元康二年遣使者赐山阳太守张敞玺书曰："制诏山阳太守：其谨备盗贼，察往来过客。毋下所赐书！"敞于是条奏贺居处，著其废亡之效,曰:"臣敞地节三年五月视事,故昌邑王居故宫,奴婢在中者百八十三人,闭大门,开小门,廉吏一人为领钱物市买,朝内食物,它不得出入。督盗一人别主徼循,察往来者。以王家钱取卒,迥宫清中备盗贼。臣敞数遣丞吏行察。四年九月中,臣敞入视居处状,故王年二十六七,为人青黑色,小目,鼻末锐卑,少须眉,身体长大,疾痿,行步不便。衣短衣大绔,冠惠文冠,佩玉环,簪笔持牍趋谒。臣敞与坐语中庭,阅妻子奴婢。臣敞欲动观其意,即以恶鸟感之,曰:'昌邑多枭。'故王应曰:'然。前贺西至长安,殊无枭。复来,东至济阳,乃复闻枭声。'臣敞阅至子女持辔,故王跪曰:'持辔母,严长孙女也。'臣敞故知执金吾严延年字长孙,女罗䌷,前为故王妻。察故王衣服言语跪起,清狂不惠。妻十六人,子二十二人,其十一人男,十一人女。昧死奏名籍及奴婢财物簿。臣敞前书言:'昌邑哀王歌舞者张修等十人,无子,又非姬,但良人,无官名,王薨当罢归。太傅豹等擅留,以为哀王园中人,所不当得为,请罢归。'故王闻之曰:'中人守园,疾者当勿治,相杀伤者当勿法,欲令亟死,太守奈何而欲罢之?'其天资喜由乱亡,终不见仁义,如此。后丞相御史以臣敞书闻,奏可。皆以遣。"上由此知贺不足忌。

其明年春,乃下诏曰:"盖闻象有罪,舜封之,骨肉之亲,析而不殊。其封故昌邑王贺为海昏侯,食邑四千户。"侍中卫尉金安上上书言:"贺天之所弃,陛下至仁,复封为列侯。贺嚚顽放废之人,不宜得奉宗庙朝聘之礼。"奏可。贺就国豫章。

数年,扬州刺史柯奏贺与故太守卒史孙万世交通,万世问贺："前见废时，何不坚守毋出宫，斩大将军，而听人夺玺绶乎？"贺曰："然。失之。"万世又以贺且王豫章，不久为列侯。贺曰："且然，非所宜言。"有司案验，请逮捕。制曰："削户三千。"后薨。

豫章太守廖奏言："舜封象于有鼻，死不为置后，以为暴乱之人不宜为太祖。海昏侯贺死，上当为后者子充国；充国死，复上弟奉亲；奉亲复死，是天绝之也。陛下圣仁，于贺甚厚，虽舜于象无以加也。宜以礼绝贺，以奉天意。愿下有司议。"议皆以为不宜为立嗣，国除。

元帝即位，复封贺子代宗为海昏侯，传子至孙，今见为侯。

赞曰：巫蛊之祸，岂不哀哉！此不唯一江充之辜，亦有天时，非人力所致焉。建元六年，蚩尤之旗见，其长竟天。后遂命将出征，略取河南，建置朔方。其春，戾太子生。自是之后，师行三十年，兵所诛屠夷灭死者不可胜数。及巫蛊事起，京师流血，僵尸数万，太子子父皆败。故太子生长于兵，与之终始，何独一襞臣哉！秦始皇即位三十九年，内平六国，外攘四夷，死人如乱麻，暴骨长城之下，头卢相属于道，不一日而无兵。由是山东之难兴，四方溃而逆秦。秦将吏外畔，贼臣内发，乱作萧墙，祸成二世。故曰"兵犹火也，弗戢必自焚"，信矣。是以仓颉作书，"止""戈"为"武"。圣人以武禁暴整乱，止息兵戈，非以为残而兴纵之也。《易》曰："天子所助者顺也，人之所助者信也；君子履信思顺，自天祐之，吉无不利也。"故车千秋指明蛊情，章太子之冤。千秋材知未必能过人也，以其销恶运，遏乱原，因衰激极，道迎善气，传得天人之祐助云。

附录四

《汉书·霍光金日磾传》节录霍光部分^①

霍光字子孟,骠骑将军去病弟也。父中孺,河东平阳人也,以县吏给事平阳侯家,与侍者卫少儿私通而生去病。中孺吏毕归家,娶妇生光,因绝不相闻。久之,少儿女弟子夫得幸于武帝,立为皇后,去病以皇后姊子贵幸。既壮大,乃自知父为霍中孺,未及求问。会为骠骑将军击匈奴,道出河东,河东太守郊迎,负弩矢先驱,至平阳传舍,遣吏迎霍中孺。中儒趋入拜谒,将军迎拜,因跪曰:"去病不早自知为大人遗体也。"中孺扶服叩头,曰:"老臣得托命将军,此天力也。"去病大为中孺买田宅奴婢而去。还,复过焉,乃将光西至长安,时年十余岁,任光为郎,稍迁诸曹侍中。去病死后,光为奉车都尉光禄大夫,出则奉车,入侍左右,出入禁闼二十余年,小心谨慎,未尝有过,甚见亲信。

征和二年,卫太子为江充所败,而燕王旦、广陵王胥皆多过失。是时上年老,宠姬钩弋赵婕仔(同婕好)有男,上心欲以为

---

①(东汉)班固:《汉书》卷六十八《霍光金日磾传》,中华书局1962年版。

嗣,命大臣辅之。察群臣唯光任大重,可属社稷。上乃使黄门画者画周公负成王朝诸侯以赐光。后元二年春,上游五柞宫,病笃,光涕泣问曰:"如有不讳,谁当嗣者?"上曰:"君未谕前画意邪?立少子,君行周公之事。"光顿首让曰:"臣不如金日磾。"日磾亦曰:"臣外国人,不如光。"上以光为大司马大将军,日磾为车骑将军,及太仆上官桀为左将军,搜粟都尉桑弘羊为御史大夫,皆拜卧内床下,受遗诏辅少主。明日,武帝崩,太子袭尊号,是为孝昭皇帝。帝年八岁,政事一决于光。

先是,后元年,侍中仆射莽何罗与弟重合侯通谋为逆,时光与金日磾、上官桀等共诛之,功未录。武帝病,封玺书曰:"帝崩发书以从事。"遗诏封金日磾为秺侯,上官桀为安阳侯,光为博陆侯,皆以前捕反者功封。时卫尉王莽子男忽侍中,扬语曰:"帝崩,忽常在左右,安得遗诏封三子事!群儿自相贵耳。"光闻之,切让王莽,莽鸩杀忽。

光为人沉静详审,长财七尺三寸,白皙,疏眉目,美须髯。每出入下殿门,止进有常处,郎仆射窃识视之,不失尺寸,其资性端正如此。初辅幼主,政自己出,天下想闻其风采。殿中常有怪,一夜群臣相惊,光召尚符玺郎,郎不肯授光。光欲夺之,郎按剑曰:"臣头可得,玺不可得也!"光甚谊之。明日,诏增此郎秩二等。众庶莫不多光。

光与左将军桀结婚相亲,光长女为桀子安妻。有女年与帝相配,桀因帝姊鄂邑盖主内安女后宫为婕仔,数月立为皇后。父安为骠(票)骑将军,封桑乐侯。光时休沐出,桀辄入代光决事。

桀父子既尊盛,而德长公主。公主内行不修,近幸河间丁外人。桀、安欲为外人求封,幸依国家故事以列侯尚公主者,光不许。又为外人求光禄大夫,欲令得召见,又不许。长主大以是怨光。而桀、安数为外人求官爵弗能得,亦惭。自先帝时,桀已为九卿,位在光右。乃父子并为将军,有椒房中宫之重,皇后亲安女,光乃其外祖,而顾专制朝事,繇是与光争权。

　　燕王旦自以昭帝兄,常怀怨望。及御史大夫桑弘羊建造酒榷盐铁,为国兴利,伐其功,欲为子弟得官,亦怨恨光。于是盖主、上官桀、安及弘羊皆与燕王旦通谋,诈令人为燕王上书,言"光出都肄郎羽林,道上称跸,太官先置。又引苏武前使匈奴,拘留二十年不降,还乃为典属国,而大将军长史敞亡功为搜粟都尉。又擅调益莫府校尉。光专权自恣,疑有非常。臣旦愿归符玺,入宿卫,察奸臣变"。候司光出沐日奏之。桀欲从中下其事,桑弘羊当与诸大臣共执退光。书奏,帝不肯下。

　　明旦,光闻之,止画室中不入。上问:"大将军安在?"左将军桀对曰:"以燕王告其罪,故不敢入。"有诏召大将军。光入,免冠顿首谢,上曰:"将军冠。朕知是书诈也,将军亡罪。"光曰:"陛下何以知之?"上曰:"将军之广明,都郎属耳。调校尉以来未能十日,燕王何以得知之?且将军为非,不须校尉。"是时帝年十四,尚书左右皆惊,而上书者果亡,捕之甚急。桀等惧,白上小事不足遂,上不听。

　　后桀党与有谮光者,上辄怒曰:"大将军忠臣,先帝所属以辅朕身,敢有毁者坐之。"自是桀等不敢复言,乃谋令长公主置酒请光，伏兵格杀之，因废帝，迎立燕王为天子。事发觉，光尽诛桀、安、弘羊、外人宗族。燕王、盖主皆自杀。光威震海内。昭帝既冠，遂委任光，讫十三年。百姓充实，四夷宾服。

元平元年，昭帝崩，亡嗣。武帝六男独有广陵王胥在，群臣议所立，咸持广陵王。王本以行失道，先帝所不用。光内不自安。郎有上书言"周太王废太伯立王季，文王舍伯邑考立武王，唯在所宜，虽废长立少可也。广陵王不可以承宗庙。"言合光意。光以其书视丞相敞等，擢郎为九江太守，即日承皇太后诏，遣行大鸿胪事少府乐成、宗正德、光禄大夫吉、中郎将利汉迎昌邑王贺。

贺者，武帝孙，昌邑哀王子也。既至，即位，行淫乱。光忧懑，独以问所亲故吏大司农田延年。延年曰："将军为国柱石，审此人不可，何不建白太后，更选贤而立之？"光曰："今欲如是，于古尝有此否？"延年曰："伊尹相殷，废太甲以安宗庙，后世称其忠。将军若能行此，亦汉之伊尹也。"光乃引延年给事中，阴与车骑将军张安世图计，遂召丞相、御史、将军、列侯、中二千石、大夫、博士会议未央宫。光曰："昌邑王行昏乱，恐危社稷，如何？"群臣皆惊鄂失色，莫敢发言，但唯唯而已。田延年前，离席按剑，曰："先帝属将军以幼孤，寄将军以天下，以将军忠贤能安刘氏也。今群下鼎沸，社稷将倾，且汉之传谥常为孝者，以长有天下，令宗庙血食也。如今汉家绝祀，将军虽死，何面目见先帝于地下乎？今日之议，不得旋踵。群臣后应者，臣请剑斩之。"光谢曰："九卿责光是也。天下匈匈不安，光当受难。"于是议者皆叩头，曰:"万姓之命在于将军,唯大将军令。"

光即与群臣俱见白太后,具陈昌邑王不可以承宗庙状。皇太后乃车驾幸未央承明殿,诏诸禁门毋内昌邑群臣。王入朝太后还,乘辇欲归温室,中黄门宦者各持门扇,王入,门闭,昌邑群臣不得入。王曰:"何为?"大将军跪曰:"有皇太后诏,毋内昌邑群臣。"王曰:"徐之,何乃惊人如是!"光使尽驱出昌邑群臣,置金马门外。车骑将军安世将羽林骑收缚二百余人,皆送廷尉诏狱。令故昭帝侍中中臣侍守王。光敕左右:"谨宿卫,卒有物故自裁,令我负天下,有杀主名。"王尚未自知当废,谓左右:"我故群臣从官安得罪,而大将军尽系之乎。"顷之,有太后诏召王。王闻召,意恐,乃曰:"我安得罪而召我哉!"太后被珠襦,盛服坐武帐中,侍御数百人皆持兵,期门武士陛戟,陈列殿下,群臣以次上殿,召昌邑王伏前听诏。光与群臣联(连)名奏王,尚书令读奏曰:

　　丞相臣敞、大司马大将军臣光、车骑将军臣安世、度辽将军臣明友、前将军臣增、后将军臣充国、御史大夫臣谊、宜春侯臣谭、当涂侯臣圣、随桃侯臣昌乐、杜侯臣屠耆堂、太仆臣延年、太常臣昌、大司农臣延年、宗正臣德、少府臣乐成、廷尉臣光、执金吾臣延寿、大鸿胪臣贤、左冯翊臣广明、右扶风臣德、长信少府臣嘉、典属国臣武、京辅都尉臣广汉、司隶校尉臣辟兵、诸吏文学光禄大夫臣迁、臣畸、臣吉、臣赐、臣管、臣胜、臣梁、臣长幸、臣夏侯胜、太中大夫臣德、臣卬昧死言皇太后陛下：臣敞等顿首死罪。〔天〕子所以永保宗庙总一海内者，以慈孝礼谊赏罚为本。孝昭皇帝早弃天下，亡嗣，臣敞等议，礼曰"为人后者为之子也"，昌邑王宜嗣后，遣宗正、大鸿胪、光禄大夫奉节使征昌邑王典丧。服斩缞，亡悲哀之心，废礼谊，居道上不素食，使从官略女子载衣车，内所居传舍。始至谒见，立为皇太子，常私买鸡豚以食。受皇帝信玺、行玺大行前，就次发玺不封。从官更持节，引内昌邑从官驺宰官奴二百余人，常与居禁闼内敖戏。自之符玺取节十六，朝暮临，令从官更持节从。为书曰"皇帝问侍中君卿：使中御府令高昌奉黄金千斤，赐君卿取十妻。"大行在前殿，发乐府乐器，引内昌邑乐人，击鼓歌吹作俳倡。会下还，上前殿，击钟磬，召内太一宗庙乐人辇道牟首，鼓吹歌舞，悉奏众乐。发长安厨三太牢具祠阁室中，祀已，与从官饮啖。驾法驾，皮轩鸾旗，驱驰北宫、桂宫，弄彘斗虎。召皇太后御小马车，使官奴骑乘，游戏掖庭中。与孝昭皇帝宫人蒙等淫乱，诏掖庭令敢泄言要斩。

太后曰："止！为人臣子当悖乱如是邪！"王离席伏。尚书令复读曰：

取诸侯王、列侯、二千石绶及墨绶、黄绶以并佩昌邑郎官者免奴。变易节上黄旄以赤。发御府金钱刀剑玉器采缯,赏赐所与游戏者。与从官官奴夜饮,湛沔于酒。诏太官上乘舆食如故。食监奏未释服未可御故食,复诏太官趣具,无关食监。太官不敢具,即使从官出买鸡豚,诏殿门内,以为常。独夜设九宾温室,延见姊夫昌邑关内侯。祖宗庙祠未举,为玺书使使者持节,以三太牢祠昌邑哀王园庙,称嗣子皇帝。受玺以来二十七日,使者旁午,持节诏诸官署征发,凡千一百二十七事。文学光禄大夫夏侯胜等及侍中傅嘉数进谏以过失,使人簿责胜,缚嘉系狱。荒淫迷惑,失帝王礼谊,乱汉制度。臣敞等数进谏,不变更,日以益甚,恐危社稷,天下不安。

臣敞等谨与博士臣霸、臣隽舍、臣德、臣虞舍、臣射、臣仓议,皆曰:"高皇帝建功业为汉太祖,孝文皇帝慈仁节俭为太宗,今陛下嗣孝昭皇帝后,行淫辟不轨。《诗》云:'籍曰未知,亦既抱子。'五辟之属,莫大不孝。周襄王不能事母,《春秋》曰:'天王出居于郑',繇不孝出之,绝之于天下也。宗庙重于君,陛下未见命高庙,不可以承天序,奉祖宗庙,子万姓,当废。"臣请有司御史大夫臣谊、宗正臣德、太常臣昌与太祝以一太牢具,告祠高庙。臣敞等昧死以闻。

皇太后诏曰:"可。"光令王起拜受诏,王曰:"闻天子有争臣七人,虽无道不失天下。"

光曰:"皇太后诏废,安得天子!"乃即持其手,解脱其玺组,奉上太后,扶王下殿,出金马门,群臣随送。王西面拜,曰:"愚戆不任汉事。"起就乘舆副车。大将军光送至昌邑邸,光谢曰:"王行自绝于天,臣等驽怯,不能杀身报德。臣宁负王,不敢负社稷。愿王自爱。臣长不复见左右。"光涕泣而去。群臣奏言:"古者废放之人屏于远方,不及以政,请徙王贺汉中房陵县。"太后诏归贺昌邑,赐汤沐邑二千户。昌邑群臣坐亡辅导之谊,陷王于恶,光悉诛杀二百余人。出死,号呼市中曰:"当断不断,反受其乱。"

光坐庭中,会丞相以下议定所立。广陵王已前不用,及燕刺王反诛,其子不在议中。近亲唯有卫太子孙号皇曾孙在民间,咸称述焉。光遂复与丞相敞等上奏曰:"《礼》曰:'人道亲亲故尊祖,尊祖故敬宗。'〔大〕宗亡(无)嗣,择支子孙贤者为嗣。孝武皇帝曾孙病已,武帝时有诏掖庭养视,至今年十八,师受《诗》《论语》《孝经》,躬行节俭,慈仁爱人,可以嗣孝昭皇帝后,奉承祖宗庙,子万姓。臣昧死以闻。"皇太后诏曰:"可。"光遣宗正刘德至曾孙家尚冠里,洗沐赐御衣,太仆以轺猎车迎曾孙就斋宗正府,入未央宫见皇太后,封为阳武侯。已而光奉上皇帝玺绶,谒于高庙,是为孝宣皇帝。明年,下诏曰:"夫褒有德,赏元功,古今通谊也。大司马大将军光宿卫忠正,宣德明恩。守节秉谊,以安宗庙。其以河北、东武阳益封光万七千户。"与故所食凡二万户。赏赐前后黄金七千斤,钱六千万,杂缯三万匹,奴婢百七十人,马二千匹,甲第一区。

自昭帝时,光子禹及兄孙云皆中郎将,云弟山奉车都尉侍中,领胡越兵。光两女婿为东西宫卫尉,昆弟诸婿外孙皆奉朝请,为诸曹大夫,骑都尉,给事中。党亲连体,根据于朝廷。光自后元秉持万机,及上即位,乃归政。上谦让不受,诸事皆先关白光,然后奏御天子。光每朝见,上虚己敛容,礼下之已甚。

光秉政前后二十年,地节二年春病笃,车驾自临问光病,上为之涕泣。光上书谢恩曰:"愿分国邑三千户,以封兄孙奉车都尉山为列侯,奉兄骠(票)骑将军去病祀。"事下丞相御史,即日拜光子禹为右将军。

光薨,上及皇太后亲临光丧。太中大夫任宣与侍御史五人持节护丧事。中二千石治莫府冢上。赐金钱、缯絮、绣被百领,衣五十箧,璧珠玑玉衣,梓宫、便房、黄肠题凑各一具,枞木外臧椁十五具。东园温明,皆如乘舆制度。载光尸枢以辒辌车,黄屋左纛,发材官轻车北军五校士军陈至茂陵,以送其葬。谥曰宣成侯。发三河卒穿复土,起冢祠堂,置园邑三百家,长丞奉守如旧法。

即葬,封山为乐平侯,以奉车都尉领尚书事。天子思光功德,下诏曰:"故大司马大将军博陆侯宿卫孝武皇帝三十有余年,辅孝昭皇帝十有余年,遭大难,躬秉谊,率三公九卿大夫定万世册以安社稷,天下蒸庶咸以康宁。功德茂盛,朕甚嘉之。复其后世,畴其爵邑,世世无有所与,功如萧相国。"明年夏,封太子外祖父许广汉为平恩侯。复下诏曰:"宣成侯光宿卫忠正,勤劳国家,善善及后世,其封光兄孙中郎将云为冠阳侯。"

禹既嗣为博陆侯,太夫人显改光时所自造茔制而侈大之。起三出阙,筑神道,北临昭灵,南出承恩,盛饰祠堂,辇阁通属永巷,而幽良人婢妾守之。广治第室,作乘舆辇,加画绣细冯,黄金涂,韦絮荐轮,侍婢以五采丝挽显,游戏第中。初,光爱幸监奴冯子都,常与计事,及显寡居,与子都乱。而禹、山亦并缮治第宅,走马驰逐平乐馆。云当朝请,数称病私出,多从宾客,张围猎黄山苑中,使苍头奴上朝谒,莫敢谴者。而显及诸女,昼夜出入长信宫殿中,亡期度。

宣帝自在民间闻知霍氏尊盛日久,内不能善。光薨,上始躬亲朝政,御史大夫魏相给事中。显谓禹、云、山:"女曹不务奉大将军余业,今大夫给事中,他人一间,女能复自救邪?"后两家奴争道,霍氏奴入御史府,欲踏大夫门,御史为叩头谢,乃去。人以谓霍氏,显等始知忧。会魏大夫为丞相,数燕见言事。平恩侯与侍中金安上等径出入省中。时霍山自若领尚书,上令吏民得奏封事,不关尚书,群臣进见独往来,于是霍氏甚恶之。

宣帝始立,立微时许妃为皇后。显爱小女成君,欲贵之,私使乳医淳于衍行毒药杀许后,因劝光内成君,代立为后。语在《外戚传》。始许后暴崩,吏捕诸医,劾衍侍疾亡状不道,下狱。吏簿问急,显恐事败,即具以实语光。光大惊,欲自发举,不忍,犹与。会奏上,因署衍勿论。光薨后,语稍泄。于是上始闻之而未察,乃徙光女婿度辽将军未央卫尉平陵侯范明友为光禄勋,次婿诸吏中郎将羽林监任胜出为安定太守。数月,复出光姊婿给事中光禄大夫张朔为蜀郡太守,群孙婿中郎将王汉为武威太守。顷之,复徙光长女婿长乐卫尉邓广汉为少府。更以禹为大司马,冠小冠,亡印绶,罢其右将军屯兵官属,特使禹官名与光俱大司马者。又收范明友度辽将军印绶,但为光禄勋。及光中女婿赵平为散骑骑都尉光禄大夫将屯兵,又收平骑都尉印绶。诸领胡越骑、羽林及两宫卫将屯兵,悉易以所亲信许、史子弟代之。

禹为大司马,称病。禹故长史任宣候问,禹曰:"我何病?县官非我家将军不得至是,今将军坟墓未干,尽外我家,反任许、史,夺我印绶,令人不省死。"宣见禹恨望深,乃谓曰:"大将军时何可复行!持国权柄,杀生在手中。廷尉李种、王平、左冯翊贾胜胡及车丞相女婿少府徐仁皆坐逆将军〔意〕下狱死。使乐成小家子得幸将军,至九卿封侯。百官以下但事冯子都、王子方等,视丞相亡如也。各自有时,今许、史自天子骨肉,贵正宜耳。大司马欲用是怨恨,愚以为不可。"禹默然。数日,起视事。

显及禹、山、云自见日侵削,数相对啼泣,自怨。山曰:"今丞相用事,县官信之,尽变易大将军时法令,以公田赋与贫民,发扬大将军过失。又诸儒生多窭人子,远客饥寒,喜妄说狂言,不避忌讳,大将军常仇之,今陛下好与诸儒生语,人人自使书对事,多言我家者。尝有上书言大将军时主弱臣强,专制擅权,今其子孙用事,昆弟益骄恣,恐危宗庙,灾异数见,尽为是也。其言绝痛,山屏不奏其书。后上书者益黠,尽奏封事,辄〔下〕中书令出取之,不关尚书,益不信人。"显曰:"丞相数言我家,独无罪乎?"山曰:"丞相廉正,安得罪?我家昆弟诸婿多不谨。又闻民间谨言霍氏毒杀许皇后,宁有是邪?"显恐急,即具以实告山、云、禹。山、云、禹惊曰:"如是,何不早告禹等!县官离散斥逐诸婿,用是故也。此大事,诛罚不小,奈何?"于是始有邪谋矣。

初，赵平客石夏善为天宫，语平曰："荧惑守御星，御星，太仆奉车都尉也，不黜则死。"平内忧山等。云舅李竟所善张赦见云家卒卒，谓竟曰："今丞相与平恩侯用事，可令太夫人言太后，先诛此两人。移徙陛下，在太后耳。"长安男子张章告之，事下廷尉。执金吾捕张赦、石夏等，后有诏止勿捕。山等愈恐，相谓曰："此县官重太后，故不竟也。然恶端已见，又有弑许后事，陛下虽宽仁，恐左右不听，久之犹发，发即族矣，不如先也。"遂令诸女各归报其夫，皆曰："安所相避？"

会李竟坐与诸侯王交通，辞语及霍氏，有诏云、山不宜宿卫，免就第。光诸女遇太后无礼，冯子都数犯法，上并以为让，山、禹等甚恐。显梦第中井水溢流庭下，灶居树上，又梦大将军谓显曰："知捕儿不？亟下捕之。"第中鼠暴多，与人相触，以尾画地。鸮数鸣殿前树上。第门自坏。云尚冠里宅中门亦坏。巷端人共见有人居云屋上，彻瓦投地，就视，亡有，大怪之。禹梦车骑声正讙来捕禹，举家忧愁。山曰："丞相擅减宗庙羔、菟、蛙，可以此罪也。"谋令太后为博平君置酒，召丞相、平恩侯以下，使范明友、邓广汉承太后制引斩之，因废天子而立禹。约定未发，云拜为玄菟太守，太中大夫任宣为代郡太守。山又坐写秘书，显为上书献城西第，入马千匹，以赎山罪。书报闻。会事发觉，云、山、明友自杀，显、禹、广汉等捕得。禹要斩，显及诸女昆弟皆弃市。唯独霍后废处昭台宫。与霍氏相连坐诛灭者数千家。

上乃下诏曰："乃者东织室令史张赦使魏郡豪李竟报冠阳侯云谋为大逆，朕以大将军故，抑而不扬，冀其自新。今大司马博

传奇刘贺

陆侯禹与母宣成侯夫人显及从昆弟子冠阳侯云、乐平侯山诸姊妹婿谋为大逆,欲诖误百姓。赖宗庙神灵,先发得,咸伏其辜,朕甚悼之,诸为霍氏所诖误,事在丙申前,未发觉在吏者,皆赦除之。男子张章先发觉,以语期门董忠,忠告左曹杨恽,恽告侍中金安上,恽召见对状,后章上书以闻。侍中史高与金安上建发其事,言无入霍氏禁闼,卒不得遂其谋,皆雠有功。封章为博成侯、忠高昌侯,恽平通侯,安上都成侯,高乐陵侯。"

初,霍氏奢侈,茂陵徐生曰:"霍氏必亡。夫奢则不逊,不逊必侮上。侮上者,逆道也。在人之右,众必害之。霍氏秉权日久,害之者多矣。天下害之,而又行以逆道,不亡何待!"乃上疏言"霍氏泰盛,陛下即爱厚之,宜以时抑制,无使至亡。"书三上,辄报闻。其后霍氏诛灭,而告霍氏者皆封。人为徐生上书曰:"臣闻客有过主人者,见其灶直突,傍有积薪,客谓主人,更为曲突,远徙其薪,不者且有火患。主人嘿然不应。俄而家果失火,邻里共救之,幸而得息。于是杀牛置酒,谢其邻人,灼烂者在于上行,余各以功次坐,而不录言曲突者。人谓主人曰:'乡使听客之言,不费牛酒,终亡火患。今论功而请宾,曲突徙薪亡恩泽,焦头烂额为上客耶?'主人乃寤而请之。今茂陵徐福数上书言霍氏且有变,宜防绝之。乡使福说得行,则国亡裂土出爵之费,臣亡逆乱诛灭之败国。往事既已,而福独不蒙其功,唯陛下察之,贵徙薪曲突之策,使居焦发灼烂之右。"上乃赐福帛十匹,后以为郎。

宣帝始立,谒见高庙,大将军光从骖乘,上内严惮之,若有芒刺有背。后车骑将军张安世代光骖乘,天子从容肆体,甚安近焉。及光身死而宗族竟诛,故俗传之曰:"威震主者不畜,霍氏之祸萌于骖乘。"

至成帝时,为光置守冢百家,吏卒奉祠焉。元始二年,封光从父昆弟曾孙阳为博陆侯,千户。

……

赞曰:霍光以结发内侍,起于阶闼之间,确然秉志,谊形于主。受襁褓之托,任汉室之寄,当庙堂,拥幼君,摧燕王,仆上官,因权制敌,以成其忠。处废置之际,临大节而不可夺,遂匡国家,安社稷。拥昭立宣,光为师保,虽周公、阿衡,何以加此!然光不学亡术,暗于大理,阴妻邪谋,立女为后,湛溺盈溢之欲,以增颠覆之祸,死财三年,宗族诛夷,哀哉!昔霍叔封于晋,晋即河东,光岂其苗裔乎?金日磾夷狄亡国,羁虏汉庭,而以笃敬寤主,忠信自著,勒功上将,传国后嗣,世名忠孝,七世内侍,何其盛也!本以休屠作金人为祭天主,故因赐姓金氏云。

后 记

    2015 年 8 月 26 日上午,我与南昌市文化局长赵利平一道前往红谷滩市委大院,然后乘车一道前往新建区观看考古新发现的墎墩墓。同行者还有市社科联主席喻凤林、市博物馆曾馆长、新建区委宣传部部长刘宇等人。过樵舍,再过象山,至大塘坪乡一处小山冈。四周已围了铁丝网,入口处戒备森严,武警持枪守卫。领取参观证后,我们登上斜坡,硕大的圆拱形钢架棚豁然入目。巨大的深坑呈甲字形,坑中还剩有不少黑褐色的大木长条块未移出,坑中央已露出了海昏侯刘贺的巨大棺椁。

    据说,当地百姓向来称此山冈为墎墩山,过去并不知道有海昏侯墓在其中,山冈上遍布坟冢,早已层层掩盖了其下层的海昏侯墓。2011 年 3 月,盗墓者从山顶钻了十多米的孔眼,打在墓室的正中央。幸因棺椁在晋代由于地震而导致偏移,加以淹没于水中,盗墓者未能轻易得手。当地村民发觉后,迅即向上级文物部门报告,才未遭到进一步的破坏。该墓既被发现,便难以保护。江西省文物考古研究所在报经国家文物局批准后,于 2011

年4月15日开始对墎墩墓葬进行抢救性考古发掘。据图片可知,椁室上面堆叠的是枕木一般的长条木块,墓室淹没于水中,得以在近于真空环境中保存了二千年至今。

陪同我们考察的考古专家杨军已在此辛勤工作了五年,他导引我们经过架设的一条简易木桥,走到棺椁上面架设的木板平台,向四面巡览。在棺椁与墓室之间,为陪葬物。南面回廊出土的是车马库坑,木轮车辐仍清晰可见,但马尸骨腐烂无存。从图片与视频来看,车马配件十分精巧,不少是刻饰精巧的鎏金物品,原物已取出装箱标识。西边坑间偏南一侧为兵器库;偏北一侧为文档库,出土了上千枚竹简,原物已取出装箱。这些竹简用隶书书写,一旦释文解读后,将成为珍贵的文献,有可能揭示更多的秘密,补充秦汉史书与文献之不足。北面一角堆积大量的五铢钱,呈黑泥色,但轮廓清晰。北面还有乐器库,出土了一组编钟与若干张琴、瑟。据介绍,有一张瑟的一端明显写有"二十五弦瑟"题记,这是目前考古界罕见有文字标识的乐器。东面为厨具库,出土了不少盛酒器,有冬虫夏草等,还有饮食用的陶器。我询问出土陶器是什么颜色,答以青釉色。看来东面是象征墓主生前的饮食生活区。

在考古专家的引领下,我们来到与墎墩墓仅500米距离的一栋平房,为考古队的简易办公室。笔者看到,左边墙上悬挂着与墎墩墓葬考古工作相关的告示牌,右边墙上是相关的分布图与平面图,正对面的墙上则是附近的测绘地图。围坐两排桌子,考古人员为我们放映了拍摄出土的一些情景以及器物放大后的照片。如有一块龙虎首轭饰,刻有动物图饰。随葬品有的可能是北方带来的,但也有的是在当地制作的。刘贺在这里仅四年,就积聚了这么多精美而珍贵的物品,这说明当时手工业的发达。就连车马饰件也有不少是精美的鎏金品,具有很高的艺术价值和考古价值,这对研究汉代的历史文化和人文风俗有着十分重要的参考作用。

我们出了发掘现场,向东行20来米,这一带地形俯眺可见,一大片缓缓起伏的丘地,长满了灌木丛。据介绍,堕墩墓周围还有七位妃子墓,其中一处墓早已遭盗掘。海昏侯国都古城遗址在陵墓之东,遗存碑文载为"紫金城"。据测算,遗址有3.6平方公里。可见刘贺毕竟做过皇帝,与一般王侯不同,其城池、其陵墓的规模也够气派的。不过,当年海昏侯食邑由四千户削减为一千户,这位曾经风光一时的废帝,必难以支付庞大的开销,无怪乎郁郁寡欢而死。当时我有感而作《参观西汉废帝海昏侯刘贺陵墓有感二首》云:

紫金城址赣江东,宫殿规模想象中。

行事荒唐遭废帝,诏书削贬可怜虫。

千家食邑资财薄,四载筑陵堕室封。

文物煌煌终出土,其人莫唾岂无功。

何须光彩耀侯门,郁闷惭为武帝孙。

私吐悔言贻罪柄,惜无建树造陵墩。

刀兵车杖遗斑杓,竹简编钟待释论。

附近犹存城址大,或能营造乐游园。

此后,我一直关注考古的新发现,我相信成果一旦公诸于世,必将震惊世人。果真,2015年11月开始,媒体不断地全方位报道大众热议的海昏侯墓室文物出土的过程。至12月15日左右开启主棺时,已出土了上万件珍贵文物。

其时我浮想联翩:刘贺封侯来到江南蛮荒之地,是皇室罕有之事,为江南留下了这座地下陵墓、珍贵的文物宝库。秦汉时期有关江西的史籍甚少,故研究这一时期的江西学者也极少,有了这座陵寝,必将大大丰富江西学界的史料,这是江西省史学研究的富矿,有着诸多课题可供研究,可以从不同方面进行解读。如果文物全部出土之后,在此可以建造博物馆,辟为西汉废帝海昏侯陵墓园。在陵墓之东,重建紫金城墙,建一、二座仿古的宫殿,仿制汉代陵墓中的车仗,配备马匹,总名为"西汉废帝海昏侯国都文化游览区",必将迎来海内外众多游人前来旅游观光,成为江西旅游文化的一大名片。

跨入2016年,已传来好消息,国家文物局已对江西省文物局上报的《紫金城城址与铁河古墓群·墎墩墓文物本体保护与展示工程立项报告的请示》正式批复。我相信,在上级领导组织协调下,这里必将朝着建设国内一流的文化游览区迈进。

我曾在20世纪80年代前期热衷于秦汉文学,并曾报考过这一专业的研究生,后来转向攻读宋代以后的文学,秦汉史与秦汉文学已渐陌生。如今又因研究尘封已久的西汉刘贺,转向研读汉史,这实在缘于八月之行的考察。兴趣是最好的动力,几个月来,我尽最大可能查找相关资料,爬梳琢磨,废寝忘食,撰写而成这本小书。其中必定还有诸多不足甚至失误,还盼专家与广大读者指正。

刘贺其人,在西汉史上还留下诸多谜团与疑案,有待更多的文史专家去研究,去解读。

写于南昌青山湖畔江西省社科院湖星轩

2016年2月10日

第一次修订说明

　　拙著出版后,得到了全国广大读者的关注,这其实是海昏侯墓出土的魅力所致。海昏侯墓文物出土工作至2016年3月已告一段落。6月7日,海昏侯遗址管理局正式挂牌成立,标志着将有国家考古遗址公园等一系列的规划建设工程在进行中。我相信,先后为昌邑王、汉废帝、海昏侯刘贺的汉墓出土,掀开了中国历史上极为隐蔽的一页,极大丰富了江西历史文化,将不仅有更多的研究成果面世,而且在文化产业的开发方面,也将有广阔的前景。

　　兹遵江西人民出版社之嘱,我将此书作了一番全面而又认真的修订,力求还原刘贺其人的心路历程。并根据新发现的一些资料加以补充。如出土琴瑟题记"二十五弦",

也从《汉书·郊祀志》中找到依据，原来也是与刘贺祖母之兄、音乐师李延年大有关系的。限于水平，疏误之处还祈指正。是为记。

2018 年 8 月 15 日

图书在版编目（CIP）数据

传奇刘贺：从昌邑王、汉废帝到海昏侯／胡迎建著.
修订版. -- 南昌：江西人民出版社，2025.4. --（海
昏文化丛书）. -- ISBN 978-7-210-16396-1

Ⅰ. K827=341

中国国家版本馆 CIP 数据核字第 2025B5R751 号

传奇刘贺：从昌邑王、汉废帝到海昏侯（修订版）

CHUANQI LIUHE:CONG CHANGYIWANG,HANFEIDI DAO HAIHUNHOU(XIUDINGBAN)

胡迎建　著

项目统筹：梁　菁　黄心刚
责任编辑：王醴颉　王亚贞　　发行总监：王　翱
书籍设计：章　雷　　　　　　责任印制：万　鑫

江西人民出版社　出版发行
Jiangxi People's Publishing House
全国百佳出版社

地　　　址：江西省南昌市三经路 47 号附 1 号（邮编：330006）
网　　　址：www.jxpph.com
电 子 信 箱：jxpph@tom.com　web@jxpph.com
编辑部电话：0791-86896797
发行部电话：0791-86898815
承　印　厂：长沙超峰印刷有限公司
经　　　销：各地新华书店

开　　本：880 毫米×1230 毫米　1/32
印　　张：7.5　插页：0.5
字　　数：150 千字
版　　次：2016 年 3 月第 1 版　2025 年 4 月第 2 版
印　　次：2025 年 4 月第 3 次印刷
书　　号：ISBN 978-7-210-16396-1
定　　价：48.00 元
赣版权登字-01-2025-71